Gather Town
遠距情境式解謎遊戲設計

臺灣科技大學迷你教育遊戲團隊情境遊戲設計小組
侯惠澤‧李承泰‧何嬿婷‧簡志忠　編著

情境解謎遊戲設計與關鍵能力

　　遊戲是人類重要的生命活動之一，而解謎遊戲有別於其他的遊戲型態，更重視動腦的思考。引人入勝的解謎遊戲不僅在於解決一個謎題、打開一個寶箱或是逃出一間密室而已，更會加入角色的扮演與情境故事，成為情境式的解謎遊戲。這類的解謎遊戲可以讓人們更加融入擬真的情境中，解決劇情故事中主角面臨的挑戰，由於擬真的場景、故事、人物與任務的鋪陳，玩家可以在高度的控制感下探索不確定性的空間與線索，進而因為不同的探索路徑走向不同的結局，並在成功時得到無比的成就感！

　　這類型的遊戲除了娛樂用途之外，也十分適合作為教育遊戲，尤其是培養學員們的關鍵能力（如：問題解決、策略決策、脈絡分析等能力）。若同時搭配學科的知識在劇情故事與任務謎題中，更適合運用在各級學校進行素養導向教學，此外，也十分適合企業組織進行各種專業職場力的培訓。而若換個角度，由學習者為中心，由學生們來自己設計這樣的遊戲，也可以培養學生們的創造力、編劇力、設計力等實作能力。

　　國立臺灣科技大學的迷你教育遊戲研究團隊（NTUSTMEG）長期致力於教育遊戲的研究與發展，經由多年的理論探究、玩家行為模式及實證的分析與產學合作或教育現場推廣的厚實基礎，發展許多可幫助教師或學生設計教育遊戲的解決方案，除了已經出版的「知識主題桌遊設計」之外，也期盼能夠提供一本設計情境解謎遊戲的指引，因此便催生了此教科書／工具書。這本書將帶領讀者用最低門檻（無須撰寫程式）的方式，藉由網路上常見的雲端工具（如：視訊會議軟體、表單軟體等）從無到有組合成一個屬於自己的線上解謎遊戲，完成的成品可以自娛娛人、也可用於教學培訓。本書涵蓋相當完整豐富的理論、指引、經驗談與一步一步手把手的範例與練習，並包含一個可供讀者體驗的示範小遊戲，期能提供讀者完整的設計資訊。歡迎各界採用本書於相關的讀書會、教師研習、或是做為相關微課程的教科書。

臺科大迷你教育遊戲團隊主持人 侯惠澤 特聘教授

NTUSTMEG

目錄

第 1 章　情境式解謎遊戲與學習

1-1 解謎遊戲的特質　2
1-2 解謎遊戲的理論基礎：
　　情境式學習與角色扮演機制　5
1-3 可用來設計解謎遊戲之雲端工具　8
1-4 體驗雲端解謎遊戲《金牌秘書》　12
實作練習 1：您的解謎遊戲構想　15

第 2 章　解謎遊戲腳本設計

2-1 解謎遊戲設計步驟　18
2-2 情境式學習的四種擬真度　21
2-3 遊戲劇本設計──三幕劇原理　24
2-4 運用 Miro 規劃互動劇情路徑圖　26
2-5 運用 Google Form 呈現互動對話劇情路徑　39
實作練習 2：互動對話劇情路徑牛刀小試　44

第 3 章　Gather Town 虛擬空間設計

3-1 Gather Town 簡介與註冊　48
3-2 Gather Town 功能簡介　52
3-3 Gather Town 空間場景編輯　63
3-4 在 Gather Town 中加入線索訊息與外部連結　88
實作練習 3：Gather Town 密室脫逃實作練習　100

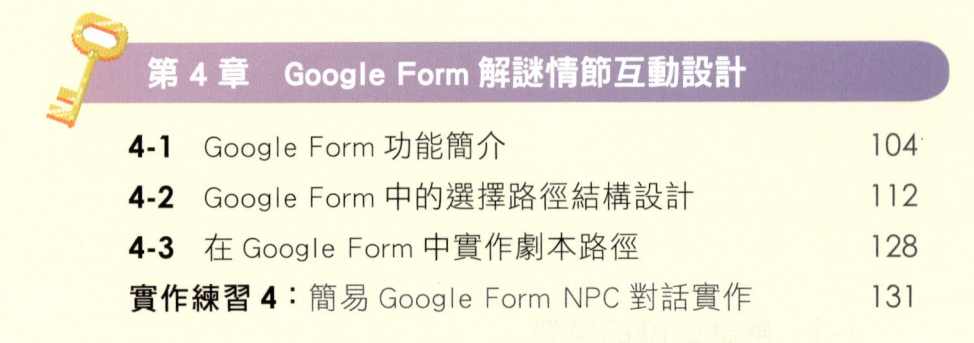

第 4 章　Google Form 解謎情節互動設計

- **4-1**　Google Form 功能簡介　　104
- **4-2**　Google Form 中的選擇路徑結構設計　　112
- **4-3**　在 Google Form 中實作劇本路徑　　128
- **實作練習 4**：簡易 Google Form NPC 對話實作　　131

第 5 章　雲端情境解謎遊戲的評估

- **5-1**　解謎遊戲的評估項目　　136
- **5-2**　情境解謎遊戲測試與評估流程　　141

附錄

- **附錄 1**　2-5 Google Form 互動對話劇情路徑表　　144
- **附錄 2**　實作練習參考解答　　147

第 1 章
情境式解謎遊戲與學習

1-1 解謎遊戲的特質
1-2 解謎遊戲的理論基礎：情境式學習與角色扮演機制
1-3 可用來設計解謎遊戲之雲端工具
1-4 體驗雲端解謎遊戲《金牌秘書》
實作練習 1：您的解謎遊戲構想

1-1 解謎遊戲的特質

您曾經因為閱讀一本偵探小說，或看一部懸疑辦案的電影而深深投入於劇情而為之著迷嗎？偵探小說或影片中的主角往往具備高超敏捷的分析與推理能力，能夠在其他警探一籌莫展時釐清脈絡，快速地找到別人遍尋不著的線索，然後過濾干擾的訊息，找到重要的嫌疑人並破解懸案。

如果，您喜歡閱讀這樣的小說、觀看這樣的影片，那解謎遊戲就是給予您親自破解謎題（懸案）的機會，在本書中的解謎遊戲即是指讓您自己來扮演一個故事中的角色（如：警探、冒險者或是一般人），自己來控制主角在擬真的情境中進行行動、探索冒險並破解謎題。因為畢竟影片或是書籍都是單向的，劇情只有一個結局，但是遊戲卻讓玩家可以有不同的行動選擇，並會因為這些行動選擇的不同以及選擇順序的不同，導致不同的結局。有些玩家玩到這個結局，有些玩家可能會玩到另一個結局，玩家有著更高的控制感，甚至有些玩家為了完成特定的結局，會花更多的時間反覆玩這個遊戲。控制感正是促進玩家投入遊戲，從而達到心流（flow）（指高度投入某活動而進入忘我境界的心理反應）的重要因子之一（Csikszentmihályi, 1990）。

有別於單向觀看的影片及書籍，靠著自己來完成問題的解決、案件的偵破或是克服工作上的難關，可以訓練個人的脈絡分析、解決問題、邏輯推理與快速決策的能力，透過破解謎題的腦力考驗，最終得到的成就感往往是較高的。不同的決策導致有了不同的劇情延展，因為充滿不確定性而引人入勝，讓人不斷想要窺知情節的最新走向、謎題線索背後的涵義，因而不想遺漏其中任何一個環節。解謎遊戲同時具備控制感、不確定性與成就感，而這三個元素恰恰好就是一個好玩遊戲涵蓋的特質（侯惠澤，2018）（對遊戲的三個促進動機元素有興趣的夥伴可以參考「知識主題桌遊設計」一書）。

第 1 章　情境式解謎遊戲與學習

解謎遊戲同時囊括控制感、不確定性與成就感這三個要素，甚至不用依賴大量的聲光效果與媒體設計，便可以讓玩家為此不斷地投入到遊戲之中。甚至，部分早期經典的解謎遊戲，即使僅用文字方式來呈現劇情，或讓玩家輸入文字指令來進行探索，依然吸引了大量的玩家競相投入與討論。

相較於需要即時反應的動作遊戲、運動競技遊戲或是複雜控制項目的戰略遊戲，解謎遊戲吸引了想要動腦破解謎題的玩家們，他們更重視遊戲中的線索分析、劇情進展與解謎後所獲得的成就感，彷彿他們真的偵破了一個真實案件！這樣的遊戲，讓玩家心甘情願地付出時間與腦力來破解謎題，解謎的過程往往不僅只是知識的測驗，還需要具備除了知識之外的眾多關鍵能力（如：洞察力、分析力、邏輯力、決策力等），並且互相搭配來推進遊戲。因此，這類型的遊戲具有促進情境式學習（Situated learning）成效的優勢，很適合運用於素養導向的教學，也十分適合用於訓練職場中的各種重要關鍵能力（關於情境式學習與角色扮演在教學的優勢將在下節詳述）。更不用說，這樣的遊戲本身即充滿樂趣與成就感！

如果您不想只是做為一個觀看偵探影片的觀影者，想成為一個可以在遊戲中控制主角破解謎題的玩家，甚至是成為一個可以設計解謎遊戲的設計師？那無疑地在設計遊戲中您將擁有更高的控制感，因為所有的劇情、角色、動作與任務都是由您來規劃，透過這樣的設計經驗，可以學到更多的能力，包含創造力與組織力。這本教科書或工具書，將帶您用最低的技術門檻，完成一款屬於自己的知識型情境解謎遊戲，只要運用雲端常見的免費工具與平台，便可以設計一款遊戲來讓朋友、學習者，甚至全球的大眾玩家來玩。

整體而言，好的情境式教育解謎遊戲有以下三個特點：

1 結合情境、知識與能力的解謎任務

讓玩家可以在解謎遊戲中探索情境、分析脈絡、連結線索、做出決策，運用知識解決任務中的複雜問題，達到情境式學習的優勢。在遊戲中隱含的各種學科背景知識巧妙地與故事劇情融合在一起，無違和地呈現在玩家的遊玩體驗中，正好可以讓玩家更能體驗如何運用所學習過的各種知識，解決複雜問題的認知思考與判斷決策過程。

2 控制感高且具多路徑的遊戲歷程

有別於制式測驗、問答的大地遊戲闖關型態或是破解寶箱，情境式教育解謎遊戲更著重線索的觀察、蒐集、分析，從不只一個線索中，運用知識來解釋、推論、進而做出決策。玩家可以具備高度的控制感，包含不同行動選擇帶來不同的劇情演變等動態路徑的設計，增加遊戲的樂趣與可探索性，從而讓玩家可以培養傳統學習經驗中較少體驗的決策分析與規劃能力。而一般常見的制式解謎遊戲限制，往往是較缺乏探索性與對於知識在情境中的學習遷移，可能僅是到一個定點（關卡）解決一個謎題，像是完成學科試題的問答或是進行文字、數字的拼貼或組合，較難跟劇情的脈絡與情境進行銜接，因而比較像是一題接續一題的測驗。

3 結合角色扮演的遊戲故事脈絡

角色扮演可以帶來對於角色的心理投入與移情作用，讓玩家更能同理劇情中的各種人事時地物，且對於遊戲中所埋藏的線索與知識的探索更加地投入。此外，角色扮演也賦予玩家使命感與情意上的目標，讓玩家更能體會遊戲世界中的各種議題，甚至因此對於現實世界中的各種相關議題進行反思，十分適用於議題式的教學。

在解謎遊戲中，原來蘊含這麼多的樂趣與學習，對於科技或是程式設計較無經驗的遊戲設計初心者，可以參考本書的說明與範例，以較低技術門檻的方式設計符合上述三個特色的知識型解謎遊戲。現在，就隨著本書的腳步，逐步來設計自己的遊戲吧！

參考文獻與閱讀
1. 侯惠澤、臺灣科大 NTUST MEG 教育桌遊設計小組（2018）。寓教於樂 知識主題桌上遊戲設計：含 118 人力銀行桌遊。新北市：台科大圖書。
2. Csikszentmihalyi, M. (1990). Flow：The Psychology of Optimal Experience. New York： Harper Collins.

1-2 解謎遊戲的理論基礎：情境式學習與角色扮演機制

在進入解謎遊戲的設計領域之前，遊戲設計者必須先了解此領域的兩個重要理論基礎。其中之一是**情境式學習理論**（Situated learning），此理論強調知識與真實情境之間的連結，認為人們的知識是在與真實情境中的人、事、物互動的過程中主動建立而成的（Brown, Collins, & Duguid, 1989）。也就是說，知識是隱藏存在於現實世界的各種情境中，知識的學習是來自於人們與自己日常生活經驗相關的實際活動，以及和他人的互動而產生。當人們置身於相關事件或活動發生的環境時，他們就會獲得知識。因此，情境式學習理論主張人們的學習應融入於真實情境中，透過實際參與活動的方式來學習知識和技能，進而產生有意義的學習。相反的，如果學習脫離了真實的情境，人們所獲得的知識將可能會是單一的、片斷的、零碎的，將無法學到全面的、完整的、連貫性的知識，也就無法進一步將所學知識應用到日常生活中，更無法處理或解決現實生活中所面臨到的問題，進而達到學習遷移。

情境式學習的目標是為學習者提供一個模擬真實的學習情境，同時將學習者所要學習的新知識與日常生活或工作中的應用相結合，讓他們可以從與真實情境相關人、事、物的互動過程中，自行建立一套可以解決現實生活問題的方法與策略以實現學習目標。最終，透過情境式的學習方式，人們能夠將既有的知識與新獲得的知識聯繫起來，並進一步將其應用到現實生活中。情境式學習認為教學為學習者所建立的學習環境必須足以反映實際的情境，也就是學習的情境就應該如同現實世界的真實情境，如此才能促進人們的學習體驗，以幫助他們在日常生活或工作場所使用所學到的知識。情境式學習尤其適合運用於各類職場的職場力培訓，例如：醫師、護理師、機師、機械維修員、消防員、水手等職業都需要沉浸在真實的環境中學習，才能成為專業人士。試想：如果以上職業的學習方式都只是坐在教室中聽老師或教練的講授，或者只是觀看教學影片來學習，而沒有到實際的場域中學習和受訓，學習者就無法產生真實的學習體驗，也就無法將在課堂上所學到的知識實際應用到這些職業的工作場合中。因此，如果教學所設計的學習環境，無論是在實體教室或是以資訊科技建構的數位學習環境，能夠帶來與實際場域相同的學習體驗與效果，那麼它也可以被視為是一個模擬真實的情境。

您想設計的解謎遊戲主題為何？想要提供玩家什麼樣的真實情境？

除了情境式學習之外，解謎遊戲的另一個理論基礎則是**角色扮演機制**（Role-playing）。角色扮演是一種情境式的模擬活動，被描述為人們在模擬、逼真的環境參與某項活動時，擔任各種角色或職務來進行互動。在教育領域中，角色扮演被視為是一種情境式的教學方法，學習者扮演某種特定的角色或人物，在模擬的情境中進行探索，並在解決問題和協作學習的過程實現學習目標。在日常生活中，每個角色與職務都有專屬的特徵和所需具備的知識與能力，受限於時間和預算的考量，有時培訓機構無法讓每位學習者到實際場域進行特定角色的學習或培訓。因此，角色扮演教學法就可以在模擬真實的學習情境中，給予學習者角色實踐的機會。教學者可以為學習者分配不同的角色，讓他們在與現實生活相似的場景和待解決的問題活動中，各自扮演不同的角色，並從自己所擔任角色的角度進行思考、發表意見，在過程中與其他不同的角色進行互動以完成學習任務。

遊戲可以模擬真實的情境，而角色扮演機制則可以讓學習者在遊戲中扮演不同的角色，以遊戲方式進行學習。角色扮演遊戲同時結合了遊戲和角色扮演機制的優勢，它的特點是奇幻和挑戰，同時具有娛樂性。玩家可以根據角色的特徵，自由的控制角色來實現遊戲目標。角色扮演遊戲要求玩家運用既有知識和解決問題的能力來實現角色的目標。當玩家作為遊戲故事情節中的某個特定角色在遊戲中進行遊玩時，他們自然會嘗試像自己所操控的角色一樣思考和行動，從而增強對於完成遊戲挑戰任務的意願。例如：扮演西醫角色的玩家，就會從身為西醫的角度來思考應採取何種醫療方式治癒病人；而如果扮演中醫角色，則又會從不同角度來思考醫療方法。此外，玩家還可以在遊戲中輪流扮演不同的角色，從而學習到更多面向與多元的新知識。在角色扮演遊戲的環境中，學習者可以有機會體驗沉浸式的學習，並在不知不覺中習得新知識，也同時激發了學習動機和取得良好的學習成績。

在具有情境式解謎的遊戲中，玩家可以透過遊戲任務中的模擬故事和角色來進行探索和學習。解謎遊戲結合適當的故事腳本，融入角色扮演策略，要求玩家根據清楚且合理的故事情節與埋藏在遊戲中的線索進行探索，運用先前所學過的知識、技能，思考遊戲策略，進而在完成遊戲任務的過程中學習到目標知識。因此，結合情境式學習理論和角色扮演機制的解謎遊戲，不只可以幫助學習者達到學習目標，亦可產生學習遷移，使學習者能夠將學習內容與現實生活的經驗聯繫起來，進而應用所學解決現實生活中的問題。

 我的解謎遊戲需有哪些角色、人物或職務？各自有什麼樣的任務？角色之間又有什麼樣的關連？

情境式學習理論參考文獻與閱讀
1. Brown, J. S., Collins, A., & Duguid, P. (1989). Situated cognition and the culture of learning. Education Researcher, 18(1), 32-42.
2. 黃永和（2009）。情境學習與教學研究。台北市：華香園出版社。

1-3 可用來設計解謎遊戲之雲端工具

　　拜網路科技發達之賜，現今遊戲的發展以多人連線的類型為主流，畢竟玩家間的互動也是遊戲樂趣的重點之一。對於解謎遊戲而言，玩家的遊戲目標就是動腦破解謎題。俗話說的好，三個臭皮匠勝過一個諸葛亮，玩家如果能多人一起組隊解謎，不只可以集思廣義更可以提升破解謎題的機率，同時也促進了玩遊戲的動機和樂趣。因此，我們建議可以使用雲端工具來設計線上版的解謎遊戲，讓多位玩家透過線上即時連線的方式一同進行遊玩。想想，如果我們設計一款解謎遊戲，沒有空間的限制，可讓來自不同地方的玩家同時上線解謎，是一件多麼有趣的事啊！目前的雲端工具相當多，以下就介紹幾款低成本、設計好上手、操作又容易，而且相當適合設計線上解謎遊戲的雲端工具。

1 Gather Town

　　Gather Town（https：//www.gather.town/）（圖 1-1）是一個自由編輯度高且具有高擬真感與互動性的遠距社交平台，除了具備一般常見視訊會議軟體基本的語音視訊功能外，最特別的是它彷彿像 RPG 遊戲的介面。使用者可以在 Gather Town 設計各種造型的虛擬角色，同時還能打造超擬真且屬於自己風格的辦公室、會議室、教室或遊戲場景等。除此之外，使用者可以操控虛擬角色在 Gather Town 的虛擬空間中自由移動，與其他虛擬角色進行文字或語音視訊的互動對話。只要虛擬角色彼此靠近，就可以自動連線開啟對話功能，無論是討論公事、課業，或是聊天都非常直覺且方便。而且，Gather Town 還支援開啟各種超連結檔案（如 Google 文件、Google 表單、Google 試算表、Google 簡報等）的功能，讓使用者可以進行線上共編的任務。

　　在 Gather Town 中，我們能依需求自行規劃與創造虛擬空間的大小、物件擺設位置與不同功能空間區域的分配。在 Gather Town 內建的標準物件庫，不管是室內或室外環境造景設計的模板都非常豐富，若想要再擴增其他物件也是相當容易（後面章節將會仔細介紹）。在 Gather Town 的虛擬世界中，我們可以任意移動角色人物群聚聊天、跳舞、甚至灑下歡樂的彩花！所以 Gather Town 非常適合設計探索式的情境解謎遊戲。但要注意喔，可不要野心太大了，設計的空間如果過大，可能會造成玩家在這個虛擬空間迷路。

◀ 圖 1-1
在 Gather Town 與其他角色進行文字或語音視訊的互動對話

2 Spot

　　Spot（https：//www.spotvirtual.com/）（圖 1-2、圖 1-3）是一個類似 Gather Town 的遠距社交平台，同樣擁有語音視訊會議功能與 RPG 的遊戲畫面風格，亦可自行設計擬真的虛擬角色。Spot 最大的特色是擁有 3D 的擬真場景，可以利用滑鼠控制來達到 360 度環場與 Zoom in/out 視覺效果。另外，虛擬角色可以達到模仿真人取物、置物的動作，使得擬真感受度更高。利用 Spot 可讓任何擁有 Web 瀏覽器的人都可以立即參與該平台，並為分布各地的人提供更具面對面擬真的體驗。Spot 也非常適合用來設計探索式的情境解謎遊戲，它的 3D 視覺效果可以讓您感受到更高的擬真立體效果。

↑ 圖 1-2　Spot 遠距社交平台擁有語音視訊會議功能與 RPG 的遊戲畫面風格

◀ 圖 1-3
Spot 最大的特色是擁有 3D 的擬真場景

3 Google Forms（Google 表單）

Google Forms（https：//www.google.com/forms/）（圖 1-4）是 Google 推出的一個調查管理應用程式，無論是學生或上班族，對於 Google Forms 的應用應該都不陌生。Google Forms 最常被用來調查和蒐集他人所填答的資訊，並進一步透過 Google Forms 的自動化摘要資料分析回應功能，產生資料的統計圖表與分析結果。Google Forms 提供多種問題類型模板供設計者挑選使用，有單選、複選、填空或申論等題型，您可以將 Google Forms 設計成測驗或報名表的形式讓填答對象作答。資料輸入的類型除了文字外，也可以選擇貼上圖片或影片。此外，設計者可以用拖曳的方式將問題重新排序，而且自訂答案的選項也非常簡單直覺。因此，我們可以運用 Google Forms 多層級的區段概念及上述多元化的題型功能，設計一個劇本式的情境解謎遊戲，讓玩家依遊戲故事情節來推進遊戲的發展。

影像方式

圖片方式

⬆ 圖 1-4　運用 Google Forms 區段的概念設計解謎遊戲的互動對話劇情

4 Miro

Miro（https：//Miro.com/index/）（圖 1-5、圖 1-6）是一款功能強大的視覺化線上協作式白板工具，同樣具有一般白板的功能（例如：文字記錄、圖片張貼、便利隨手貼、畫筆隨寫、流程規劃等）。與 Jamboard 最大的不同是，Miro 擁有內建超多樣可直接套用的視覺化模板（例如：心智圖、流程圖、視覺表等），這些多元性模板可以幫助我們更自在地記錄參與者協作討論的想法，並從中獲取更強大的靈感。再加上 Miro 是一個可以無限延伸的白板，再複雜、再龐大的內容，都可以記錄在同一個白板裡面，相當適合做為支援多人線上即時協作討論、創意發想的輔助工具。因此，遊戲設計團隊可以運用 Miro 來規劃並畫出團隊對於遊戲設計的想法，無論是快速的構思想法並視覺化的呈現、發想的手寫塗鴉、推理設計的延伸工具、隨想的便利貼、當下的表情符號回應，都可以大大增加遊戲設計者在遊戲設計討論的多元性。只可惜目前並沒有中文版支援。

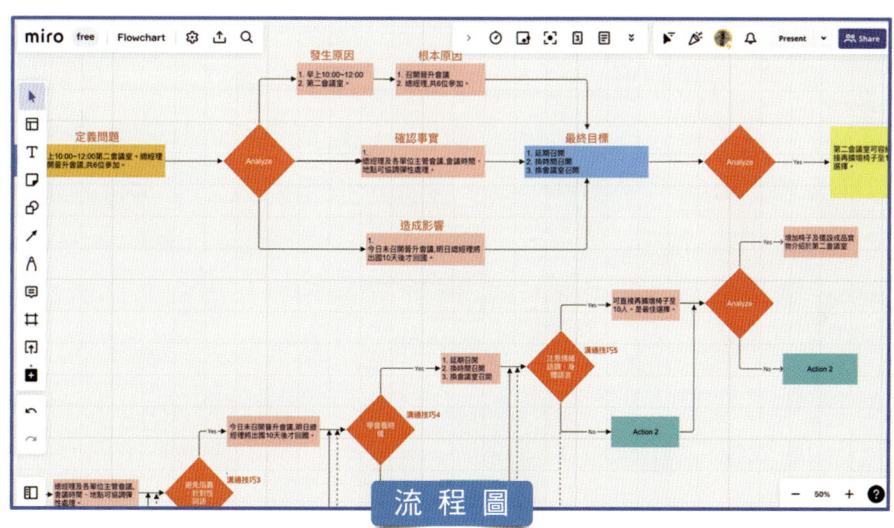

⬆ 圖 1-5　Miro 流程圖設計功能

⬆ 圖 1-6　Miro 隨手便利貼紀錄及互動功能

1-4 體驗雲端解謎遊戲《金牌秘書》

《金牌秘書—會議室之謎》為本書所提供的範例遊戲，是一個訓練職場上溝通與協調能力的遊戲。建議想要依據本書架構設計遊戲的您一定要親自遊玩，除了可以體驗到雲端解謎遊戲的奧妙，更可以幫助您理解本書的知識內容與概念，達到融會貫通的境界！

金牌秘書—會議室之謎

遊戲故事背景

早上七點，擔任 MEG 公司的秘書–蘇菲一如往常擠著捷運準備上班。她戴著耳機聽著手機上的全球財經新聞，滑著手機查看今天的工作行事曆。忽然，看到總經理傳來一則 LINE 訊息：「蘇菲，今天早上我要去總公司與侯董事長開經營策略會議，中午後才進公司。剛剛業務處長–克萊兒打電話給我說，明天臨時有一組美國客戶大概有 8 人要來參訪公司一整天，但是明天公司所有的會議室都已被預約使用了，妳和相關同仁協調一下，務必借到一間會議室以便可以與美國客戶進行會議。另外，請把要在這個會議上使用到的那一項最新專利產品與會議資料一起準備好。這兩件事處理完後記得跟我回報結果。」對於這突如其來的工作狀況，蘇菲並沒有驚慌，她看看手錶，時間顯示在 08：00，捷運公館站已即將到達。蘇菲深吸一口氣！！朝氣滿滿～加油！

金牌秘書今日任務 1 提出各預約部門最佳的會議室使用調整決策

MEG 公司共設有四間會議室，分別為第一會議室、第二會議室、第三會議室和多媒體會議室，會議室的使用皆採事先預約制，其空間規劃與可容納人數如下圖 1-7 所示。今天凌晨一位美國客戶臨時通知業務處長克萊兒，表示希望明天 10：00~16：00 能拜訪 MEG 公司洽談商業合作，隨行的人共有 8 人，主要目的是洽談明年度充電器採購案、了解新專利產品和工廠訪視。對於 MEG 公司來說，這是一筆價值 2.4 億元業績的機會！克萊兒看了明日公司會議室的預約表，發現第一會議室、第二會議室與多媒體會議室全天都已分別被「品質管理處」、「人資處」與「製造管理處」這三個部門借用，只剩第三會議室可用，但第三會議室僅有 4 人座位無法進行這次的會議。於是總經理指示蘇菲與這三個部門協調會議室的使用情況，務必借到一間會議室以順利與美國客戶進行會議。

化身為金牌秘書的蘇菲，面對眼前這個棘手的難題，必須先對明天的各會議室預約現況進行分析（使用目的、使用人數、使用時間、調整後的影響），接著與借用部門的同仁溝通和協調，並提出可以滿足所有人的最佳決策來完成這個任務。

⬆ 圖 1-7　MEG 公司 1 樓會議室位置圖及可容納人數說明

金牌秘書今日任務 2　取得進入「管制中心」的最新密碼

此外，這次美國客戶來訪的另一個目的是希望能了解 MEG 公司的最新專利產品，蘇菲的第二個任務就是必須在開會前將最新專利產品和介紹資料準備好並陳列展示。然而，這個產品目前是 MEG 公司的最高機密，相關資料皆集中放置於 2F 的「管制中心」，而進入管制中心需在門口的密碼鎖輸入「五位數密碼」方可進入。「管制中心」的密碼鎖由總務部－阿忠伯每個月定期更換密碼，再將新密碼通知相關管理主管。可是很不巧的，阿忠伯昨天更換密碼後，急著出國忘記通知相關人員，而且阿忠伯出國後手機一直處於關機狀態，蘇菲一直無法聯繫上！心急如焚的蘇菲必須趕緊想辦法取得進入管制中心的五位數密碼以取得這個產品及其資料，否則將會影響美國客戶對 MEG 公司的信任。蘇菲想著，或許可以從總務部其他同事口中找到關於新密碼的蛛絲馬跡，說不定她可以自己破解這個新密碼呢！

此時的蘇菲，該如何蒐集與分析從總務部同事得知關於密碼的線索，進而推理出管制中心五位數的新密碼，以成功取得最新專利產品及資料呢？

當蘇菲順利完成以上兩項任務後，請至 2F 總經理室向總經理做回報，即完成本日金牌秘書任務。現在的您，即是扮演蘇菲的角色。您已準備好了要成為金牌秘書了嗎？立馬啟動金牌秘書今日任務！GoGo！！

操作注意事項

(1) MEG 公司的辦公空間為大樓的 1F 與 2F，您可搭乘「電梯」抵達目標樓層（圖 1-8）。

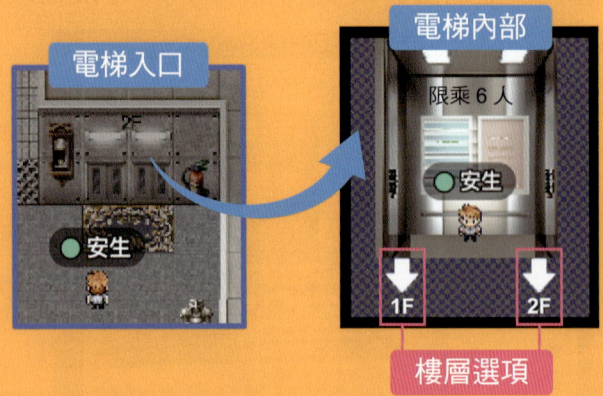

↑ 圖 1-8　MEG 公司電梯場景使用說明

(2) 請注意遊戲場景中每一個「閃黃色框的物件或 NPC（※）」，按鍵盤【X 鍵】與這些物件或 NPC 進行互動對話，可以獲得關鍵線索（圖 1-9）。

↑ 圖 1-9　遊戲場景可互動之閃黃色框的物件或 NPC

(3) 單位主管（NPC 角色）：業務處長－克萊兒、人資處長－寶靈、製造管理處經理－艾瑞克、品質管理處長－湯尼。請注意，良好的溝通態度與協調技巧，將有助於您完成任務。當您與這些角色進行互動時，會跳出 Google Form 畫面，您可以用表單中的選項跟 NPC 互動聊天，取得更多線索。當您的溝通技巧與協調技巧越佳，選擇越適當的語句與他們聊天，就可以幫助您更好地想到最佳解決方案，並獲得更多線索。

※ NPC：英文全名為 Non-Player Character，意指非玩家角色，即遊戲中非玩家控制的角色，常出現在角色扮演的遊戲類型。在解謎遊戲中，NPC 通常扮演發生事件的關鍵角色，或者提供玩家關於遊戲的訊息。玩家在遊戲中與這些 NPC 進行互動，可以得到破解謎題的關鍵線索。

金牌秘書遊戲網址：https://bit.ly/3FZiGdS

實作練習 1：您的解謎遊戲構想

閱讀完本章的內容，也體驗過《金牌秘書》遊戲後，您準備好開始設計一個屬於自己的情境解謎遊戲了嗎？建議您可以使用以下表格初步規劃您的遊戲構想喔。

表 1-1　解謎遊戲構想初步規劃表

遊戲名稱	
學習目標 （您要讓玩家學到的知識或是能力）	
遊戲特色 （您的遊戲跟其他遊戲不同的亮點是？）	
遊戲故事背景	
遊戲角色與特徵	
遊戲的解謎任務	
遊戲場景 （您預計用 Gather Town 搭建的場景有哪些？）	

15

第 2 章
解謎遊戲腳本設計

2-1 解謎遊戲設計步驟
2-2 情境式學習的四種擬真度
2-3 遊戲劇本設計——三幕劇原理
2-4 運用 Miro 規劃互動劇情路徑圖
2-5 運用 Google Form 呈現互動對話劇情路徑
實作練習 2：互動對話劇情路徑牛刀小試

2-1 解謎遊戲設計步驟

體驗完了《金牌秘書》之後，您會發現，其實運用簡單的 Gather Town 與 Google Form，便可以完成一款具有多重結局的解謎遊戲，而且並不需要撰寫任何程式碼，甚至還可以多人連線組隊進行挑戰。然而，如何從無到有設計一款這樣的遊戲呢？情境式的解謎遊戲強調故事、角色、空間與任務這四個要素，要如何串接這樣的要素，逐步完成一個屬於自己的遊戲呢？跟著本書以下的八個步驟，您便可以面面俱到，逐步完成一個吸引人的解謎遊戲。

1 決定遊戲之情境與故事構想

解謎遊戲的故事是遊戲中最迷人的一個部分，試想，單是觀看沒有控制感的偵探影集或是閱讀小說，只要故事與情節吸引人，就會讓人投入在其中。所以，趕緊來想一個精采或是懸疑的背景故事吧！設定好故事中的角色，描述他（她）們的背景與遇到的挑戰，還有要賦予他們的任務，以及可能發展出的各種結局吧！而這個部分若要能吸引玩家，需要能夠連結到真實世界中的擬真情節、場景、角色、以及互動（或操作）行為。當遊戲越擬真，就越能讓玩家身歷其境（這個部分的設計要領會在下一節「**2-2 情境式學習的四種擬真度**」詳述）。建議您將初步的故事情節構想列出來在一份文件中。

2 將遊戲故事與知識內容連結

接下來，就是要將這個精采的故事構想與您想放到情境中的知識內容連結起來，例如：您的主角 A 偵探是科學學霸、或是具備第二外語天分的超級秘書，他們的任務都需要運用到專業的知識。或是，在某國的軍事地堡密室內有著一台需要有絕倫的模式辨識力才能破解的密碼機？亦或是，在事發現場中的三個房間內有 20 個線索物件，但只有 5 個線索是與案情有關，需要您運用科學鑑識專業或是縝密的系統思考能力來破解。

這個部分最關鍵的原則就是：要設計需要讓玩家動動腦才能破解的任務，並且需要運用知識來推進遊戲關卡。須盡量避免與真實情境脫節的知識連結，例如：在一個辦公室的桌上出現一個造型很突兀的寶箱，點選寶箱後出現一個與劇情完全無關的學科測驗選擇，答對的話才可以打開寶箱之類的設計。這個階段需要將故事中的任務情節構想與預期放進情境中的知識內容合理地連結起來，並將這些連結進行列表整理，包含情節片段與知識點的配對表。

設計重點就是以下這個公式：

綜合上述 1～2 這兩個階段，我們可以完成一個簡單的遊戲概念文件（Game Concept Document, GCD），GCD 包含遊戲的名稱、學習目標、遊戲特色、故事背景的概述、任務概要、遊戲情節與知識點的配對表等項目，大概為 2～3 頁的簡要敘述。

3 將故事構想與任務轉成腳本

有了上面的劇情構想初稿與知識的情節配對表，隨後就是要將這些構想進行有系統地整理。這個將故事構想進行系統化的方式就是：有條理地將情節轉成遊戲劇本。這個部分，建議新手初心者一開始轉換成劇本時，可以參考簡單的編劇理論中的「三幕劇」或是「英雄之旅」的簡易格式範例，會較快入手喔，這個部分將在後面**「2-3 遊戲劇本設計──三幕劇原理」**中介紹與舉例，您只要跟著發想與練習，應該就能夠駕輕就熟，發展成完整且有結構的劇本。經過劇本設計之後，我們就會將情節故事結構化，裏頭包含對於場景的敘述、遊戲任務中人物對話互動的敘述，有了這兩部分的內容，就可以進行後續的空間與互動設計。

4 規劃遊戲中的虛擬空間藍圖

依據上面劇本中空間與互動的敘述，接下來就必須要開始在實作之前先進行空間與互動的具體規劃並完成設計文件。這當中，我們可以開始在雲端規劃工具（如：Miro、Jamboard）上規劃遊戲的空間藍圖。例如：規劃地底迷宮的空間、軍事基地的建築群。藍圖需要考量到您所要實作場景的平台（如：Gather Town 或是 Spot）限制來規劃。關於 Gather Town 的使用方式將在**「第 3 章 Gather Town 虛擬空間設計」**做詳細介紹。

Gather Town 遠距情境式解謎遊戲設計

5 規劃遊戲中的互動任務路徑

有了虛擬空間的規劃後，接下來便是 NPC 人物對話互動（例如：《金牌秘書》遊戲中，有許多 NPC 的交談內容與表單選項互動）的路徑規劃。解謎遊戲加上虛擬角色的交談，可以增添許多互動性與樂趣，有別於一般沒有 NPC 的單人冒險，或是 NPC 只是主動給予固定訊息的解謎遊戲，具備動態的互動對話（即不同的對話選擇可能導致不同的互動劇情）會讓遊戲更具備擬真度與互動性，也讓遊戲更加有樂趣。此外，除了 NPC 之外，表單也可以做為其他互動機制（如：操作機器、選擇行動等）的用途。

在這個階段，我們會在後面的「**2-4 運用 Miro 規劃互動劇情路徑圖**」介紹如何運用雲端規劃工具 Miro 設計對話表單的路徑圖。有了這個樹狀決策路徑圖，設計互動表單將更有結構，也更能輕鬆對應與修改喔。

綜合上述 3～5 階段的文件，可以做為遊戲設計文件（Game Design Document, GDD），在 GDD 中，涵蓋劇本（包含背景故事與角色設定、前提與挑戰、任務敘述）、虛擬空間藍圖與 NPC 互動樹狀決策路徑圖。有了 GDD 文件，就可以開始準備實作了！

6 在 Gather Town 實作遊戲虛擬空間

依據上面的虛擬空間藍圖，在 Gather Town 中搭建這些場景。具體的做法可以詳見「第 3 章 Gather Town 虛擬空間設計」的完整介紹，包含場景的拉建、物件的配置以及各種互動物件的設定等等。

7 在 Google Form 中實作互動表單

依據上面的互動樹狀決策路徑圖，在 Google Form 中設定區段、選項以及拉出與 NPC 對話的脈絡路徑，藉由各種路徑的設定與測試，完成各種 NPC 或是互動機制的表單。當這些表單完成設計後，便可以在 Gather Town 中進行表單的連結嵌入。當完成所有的設定之後，遊戲便完成了。關於 Google Form 的應用與設計方式將在「**第 4 章 Google Form 解謎情節互動設計**」做詳細介紹。

8 進行遊戲的內部評估與修改

當遊戲的雛型完成了之後，便可以進行內部的遊戲評估，這個評估可以藉由我們在「**第 5 章 雲端情境解謎遊戲的評估**」所提到的評估表進行，讓遊戲更加精緻化。這個評估表包含：遊戲的情境、機制、認知設計以及接受度（是否對學習有幫助以及是否容易操作理解），加上試玩後的開放性回饋等等。有了初步的評估之後，可以根據評估的結果進行修改，修改完成後便可以大功告成，對外發布您的遊戲讓大家來體驗了。

2-2 情境式學習的四種擬真度

在「**1-2 解謎遊戲的理論基礎**」中，我們學習到了情境式解謎遊戲的理論之一——「情境式學習」的意涵，其中不斷的提到了「模擬真實情境」這個概念，我們可以理解「真實情境」就是我們所處的日常生活中的世界，那麼，到底要「模擬」什麼呢？我的情境式解謎遊戲又要如何模擬才能如同真實的情境呢？別慌，本書將把「模擬」分成四個元素，分別是**情節**、**場景**、**角色**與**互動**，以下將一一介紹，讓您可以依循這四個擬真元素的概念來設計遊戲的情境「模擬」。

1 情節擬真

「情節」指的是遊戲的故事情節、遊戲的劇情，也就是遊戲的劇本，這是解謎遊戲最重要的部分。因此，您必須思考的是，我想要創作一個什麼樣類型、風格的遊戲故事？這個遊戲故事的情節應如何發展（有什麼特殊事件的發生）？並且您要接著考慮到的是，因應玩家的選擇、破解關卡成功與否，分別會有哪些遊戲結果（成功破關的結局是什麼？遊戲失敗的結局又是什麼？）。畢竟玩家的遊戲策略和選擇不同，就會影響到遊戲的結果，上述這些設計要點，皆可以掌握在您自己的手中盡情發揮創作喔。本書的範例遊戲《金牌秘書》設定的情境為小職員蘇菲祕書在職場工作時所遇到的各種難題，因此所設計的情節、發生的事件，皆符合大多上班族在職場上可能會遇到各種問題與難處。也就是有這樣的擬真感，玩家在玩此遊戲時就會有身歷其境的真實感，產生像是發生在自己身上一樣的感受。一開始明明應該是在開心、緊張刺激又燒腦的心情中玩解謎遊戲，卻因感同身受職場的不易，不禁同理而感觸良多，這就是情境擬真的最高境界啊！

對於發想遊戲的劇本感到不知該從何下手嗎？別怕，本書的下一節「**2-3 遊戲劇本設計**」將為您介紹一個好用且易理解的寫作架構——「**三幕劇原理**」，讓您可以依此原理創作一個遊戲劇本。

 我想要擬真什麼樣劇情的解謎遊戲？有什麼真實的情節／事件可以讓我模擬？

小提示 可以想想日常生活中（求學或工作職場）特殊或有趣的事件，或是自己曾閱讀過的小說和漫畫、玩過的遊戲、看過的電影和電視劇等方向著手。當然，您也可以改編真人真事，將自己或親朋好友的親身經歷編寫成遊戲劇本喔。

2 場景擬真

「場景」指的就是遊戲的場域，也就是玩家操控遊戲角色在遊戲畫面中所能行走、探索的區域，包含場景中的物件（物體）。以《金牌秘書》來說，場景就是「MEG 公司的辦公室」，因此，我們必須將在遊戲畫面中所呈現的辦公室場景「模擬成像真的一樣」，讓玩家一進入遊戲中的辦公室場景，就能馬上意識到自己來到了一間辦公室，甚至是聯想到自己在真實世界每日辛勞工作的辦公室。除了辦公室的物品，例如：辦公桌、椅子、電腦、櫃子、印表機等物品的設置，您還可以規劃不同功能屬性的空間區域，例如：會議室、員工辦公區、茶水間、主管辦公室等，甚至您還可以擴大規劃不同部門的空間區域，例如：人資處、製造管理處、品質管理處等，如此一來，就可以讓您的遊戲場景更擬真，而且也讓場景規模更有可看性，遊戲故事的發展線也因此更加多元化。

我的解謎遊戲想要有什麼樣的場景？什麼樣的場景適合我的遊戲風格？真實世界中有什麼樣的場景可以讓我模擬？

小提示 可以想想自己現在日常生活中所處的環境（公司或學校）、曾去過的地方，或是參考在電影、書籍、網路中曾看到讓您印象深刻的景色、地形、場景。當然，您也可以發揮自己的想像和創意，自己創造一個世界喔。

3 角色擬真

「角色」指的就是您所操控的遊戲角色，這個角色的名字、外表造型、身分或扮演的職務、角色的特色與特徵，皆可由您自己決定。不過建議您，根據遊戲的故事情節來設計遊戲角色，如此遊戲的風格才會一致。此外，角色之間的關連性也是非常重要的一個環節。角色的關係將會影響遊戲劇情的發展，甚至影響玩家的遊戲策略，進而造成不同的遊戲結果。角色之間的關係如未交待清楚，遊戲就很有可能露出破綻。因此，當您在設計遊戲的故事情節時，建議可同時繪製遊戲角色的關係圖，相信對您的遊戲劇本創作過程會非常有幫助。本書的《金牌秘書》考量其遊戲的劇情與風格，設計了多位與工作職場相關的各種角色，並為每個角色賦予不同的職務，例如：業務處長－克萊兒、人資處長－寶靈、製造管理處經理－艾瑞克、品質管理處長－湯尼、秘書－蘇菲等。此遊戲也同時為每個角色搭配不同的外表與服裝，藉以區分各個角色的特徵。遊戲角色的擬真可以讓玩家在操控角色時，產生角色的代入感，如同玩家自己在扮演這個遊戲角色。在操控角色的過程中，他們自然會嘗試像該角色一樣思考和行動，這就是**角色扮演機制**的奧妙啊。

第 2 章　解謎遊戲腳本設計

**想想** 我的解謎遊戲的故事情節應有哪些角色？角色之間的關連性為何？

小提示 在設計遊戲角色之前，建議您先完成遊戲的劇本編寫，這樣所創造的角色才能配合遊戲故事的劇情喔。

4 互動擬真

「互動（操作）」指的是遊戲角色的肢體動作、角色在遊戲場景中的探索和角色間的互動與對話，上述這些「動作」皆與遊戲的情境、場景和角色有密切的關連。角色的互動擬真，除了可以提升角色行為的合理性與玩家操控角色的真實性，還可以讓遊戲角色顯得更為立體鮮明。無論是在遊戲場景中行走（秘書蘇菲在不同部門的辦公區域之間繁忙來回行走）、或是與其他遊戲角色的互動對話（蘇菲向總經理報告工作事項）等諸如此類與真實世界中人們相同的動作，都有助於讓玩家產生心流而沉浸在遊戲之中。因此，當您費盡心思，嘔心瀝血的完成了一個符合情境、場景與角色等三個擬真元素的情境解謎遊戲後，別忘了為您的遊戲角色再加上最後一個擬真元素，也就是「操作」。

**想想** 我的解謎遊戲的角色應有哪些互動呢？我想讓玩家如何操控遊戲角色？

小提示 請依據您編寫的遊戲故事劇本、建置的遊戲場景，以及遊戲角色的特色來設計角色的互動，如此，遊戲的架構與內容才會更有連貫性與真實性喔。

2-3 遊戲劇本設計——三幕劇原理

前一節我們介紹了四種擬真元素，相信您在閱讀的過程中，應該隱約可以觀察到一個情境式解謎遊戲的核心關鍵，就是「遊戲故事劇本的設計」。對於劇本的編寫，我們大多不是專家，我們可能毫無頭緒不知該從何寫起，我們對故事創作這件事是陌生的，畢竟我們不是專業的編劇人員。那麼，有沒有一個寫作方式、法則或原理，讓我們可以參考和依循，逐步建構出遊戲劇本的架構，進而完成劇本內容的編寫。請放心，當然是有的囉，那就是「**三幕劇原理**」（Dancyger & Rush, 2014）。

我們從國小開始學寫作文的過程中，就不斷的接觸到「起、承、轉、合」這四個字，對於寫作而言，這可是基本功。起代表起因；承為鋪陳；轉是轉折；合即結局。無論是一篇作文，或是一部小說，故事情節的發展都會經歷這四個過程。可能先是角色出現，讓讀者認識角色的個性與特色，並交待事件的背景和起因；接著是角色面臨到問題，必須面對與解決某個特殊的事件，並進一步鋪陳事件發展的過程；緊接著是事情發生了變化，改變了原先的發展，故事情節的發展因起伏而有了張力；最後就是故事的結局了。

而在劇本的編寫中，與「起、承、轉、合」有異曲同工之妙，最常提到的則是「三幕劇原理」（也稱「三幕劇結構」）。那麼，什麼是三幕劇原理呢？其實就是簡單的六個字——**鋪陳、衝突、解決**。將劇情的敘事結構分為三幕，其中第二幕中間點，應有一個出乎意料的轉折點（圖 2-1）。

1 第一個階段——「鋪陳」

「鋪陳」為劇情的前提、故事的開始，包含時間、地點、角色與其特質等故事背景的建立，並埋下角色將要面臨的危機、困難和解決問題的關鍵線索。此階段主要幫助觀眾建立對故事的世界觀，讓觀眾了解故事為什麼會發生。

對於情境解謎遊戲而言，遊戲的故事背景和角色的設定就是遊戲劇本的鋪陳。以《金牌秘書》為例，遊戲一開始即會先向玩家說明此遊戲故事的背景為現代社會的工作職場，玩家扮演一間科技公司的「秘書蘇菲」角色，而其他遊戲角色還有同公司的總經理、業務處長克萊兒、人資處長寶靈、製造管理處經理艾瑞克、品質管理處長湯尼等。此外，也會讓玩家得知遊戲的目標，即秘書在工作中會遇到各種難題，因此玩家要一一解決困難以完成遊戲任務。

2 第二個階段——「衝突」

角色遇到了危機，為了解決問題、克服困難或是達成某一個目標，必須設法突破各種難關與挑戰，此階段是故事的高潮，也是最精彩的部分。此階段的緊張刺激和緊湊感，可以強化觀眾繼續看下去的動機，會主動猜測劇情的發展，並期待故事的結局，也是最專心觀看的時段（如同心流投入）。

在情境解謎遊戲中，遊戲劇本的衝突即為角色遇到的問題與困難，通常是遊戲任務挑戰的關鍵事件陳述。如同《金牌秘書》的蘇菲秘書所遭遇的工作挑戰！一來蘇菲要與其他部門同事協調會議室使用的問題以順利與美國客戶進行會議，二來還要取得管制中心的門鎖密碼以取得公司最新產品的會議資料！因此，玩家就必須思考如何解決上述兩個挑戰，進而順利完成工作任務。

3 最後階段——「解決」

角色度過危機解決了問題，事件真相大白最終告一段落，角色重新回到原本的世界或是到了一個新世界，展開新的生活。好的故事結局不只可以呼應劇情的前兩個階段，讓觀眾體會到劇情的完整性，還可以讓觀眾因得到了滿意的答案，或是有種結局翻盤的驚喜感，而產生心滿意足或意猶未盡的感受。

這部分是情境解謎遊戲中的不確定性和控制感來源，有別於小說或影劇，遊戲角色是否能解決問題，端賴其玩家的控制以及解謎的方向和策略，而讓遊戲有不同的結局。例如，在《金牌秘書》的遊戲情境裡，當蘇菲秘書一步一步的嘗試解決遊戲任務時，會做出不同的選擇與決策，而這樣的選擇決策都會導致不同的遊戲發展進程與結果。也就是說，玩家以自己的思考模式，決定要如何解決在遊戲中所遭遇的困難，進而完成遊戲任務獲得成就感。此時，也代表著玩家學習到了目標知識。

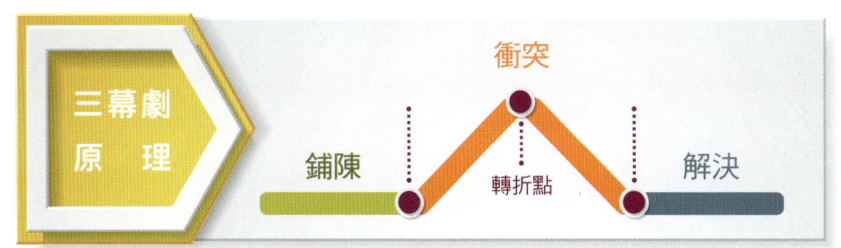

↑ 圖 2-1　三幕劇原理

介紹完了三幕劇原理，您已準備好開始創作您的遊戲劇本了嗎？

三幕劇原理參考文獻與閱讀

1. 吳基桓（2022）。【圖解】韓國影劇故事結構聖經：韓國影劇征服全世界的編劇法則。台北市：漫遊者。
2. Ken Dancyger, Jeff Rush 原著，易智言等人 譯（2014）。電影編劇新論。台北市：遠流。

2-4 運用 Miro 規劃互動劇情路徑圖

學會「解謎遊戲設計步驟」，也了解「情境式學習的四種擬真度」與「三幕劇原理」後，相信在您的腦海裡已經有了一個**情境解謎遊戲故事劇本**的初步架構。而在劇本中，遊戲角色之間的**「對話內容」**至關重要，除了應具有擬真的互動對話特性之外，角色之間「問」與「答」（意指玩家與 NPC 的對話）的合理性也是相當重要的。遊戲中 NPC 的說話或問話，以及提供給玩家對 NPC 做出回應的每一個**「對話選擇」**設定都要符合遊戲的劇本且要具有意義，可以引導玩家進行思考以做出適切的**「對話回應」**。本書以《金牌祕書》蘇菲祕書與 NPC 人資處長寶靈的故事做說明。

NPC 人資處長寶靈故事背景

NPC 寶靈處長是 MEG 公司負責人事管理的人資處主管，也是這次 MEG 公司人事職務晉升會議召集人。為了讓每位高階主管都能參加這個會議，會議的舉行時間是經過與多位高階主管的祕書再三協調和確認才定下來的。晉升會議事關多人的職務變動，重要性非同小可。此外，考量到高階主管的行程，會議時間勢必難以再更動。因此，晉升會議一定要如期舉行！在這樣的情境之下，蘇菲祕書必須與 NPC 寶靈處長溝通與協調人資處所預約的第二會議室，使得與美國客戶的會議和人事晉升會議都可以如期舉行，皆大歡喜！

如下圖 2-2《金牌祕書》蘇菲與 NPC 寶靈處長的「**對話頁面**」，蘇菲在聽完 NPC 寶靈處長說明後，有三種回答內容可選擇來做出回應。這三個回答內容皆符合遊戲劇本的設定、擬真且有意義，並且會各自導引至不同的遊戲發展方向，玩家必須依據線索，思考遊戲策略，一步一步推進遊戲的進程。當一個遊戲故事劇本的設計具有上述的「互動」與「路徑」這兩種元素，我們就將這樣的劇本設計概念稱之為「互動劇情」。

⬆ 圖 2-2　Google Form 所呈現的對話頁面內容

一套完整的遊戲故事劇本，可能會有二、三十個「對話頁面」，甚至更多。一個「對話頁面」代表一個 Google Form 表單頁面（如上圖 2-2 所示），「對話內容」包括「**問的內容**」（NPC 的狀態與言語）及數個「**答的選擇**」（玩家可以回應的句子或動作）。也就是說，解謎遊戲的劇情發展並不是單向性的，其遊戲的推進歷程會因玩家的決策不同而有所差異，玩家的選擇將影響下一段劇情的發展為何，此即為「**故事情節分支**」的概念。因此，解謎遊戲角色之間的「對話內容」是一個非常龐大的對話結構。

1 NPC 角色互動對話設計概念

(1) **NPC 互動對話：** 在解謎遊戲的互動劇情中，每一次玩家與 NPC 的對話（即「對話內容」）都是一次互動對話。例如，玩家（扮演蘇菲角色）與 NPC 寶靈處長進行對話，以了解人事晉升會議的背景和需求。緊接著，玩家在聽完處長的說明後，後續接著再一次詢問 NPC 寶靈處長相關的工作問題，以便有利於問題的解決，此即為**動態互動對話**的概念。

(2) 玩家每一次的「對話選擇」都增加了遊戲的互動性。玩家必須在每一個情境中，根據從 NPC 寶靈處長所獲得的線索（即「問的內容」）進一步思考以做出最佳的回應（選擇最佳的「答的選擇」以獲得更多有用的訊息線索），一步一步地推進遊戲的進程。玩家對「答的選擇」做出不同的選擇將會導致不同的遊戲路徑或結果，呈現了解謎遊戲控制感和不確定性的元素。

(3) 不同的遊戲場景區域設計有不同的 NPC，每一位 NPC 都藏著不同的訊息線索，一來可以讓玩家在遊戲探索的過程中，與不同的 NPC 對話獲得更多的線索訊息，也可以促使玩家進行更深入地思考遊戲策略，不僅增加了遊戲的擬真度，也使玩家更加沉浸於遊戲中。

2 Miro 互動劇情路徑圖表格化

遊戲故事劇本的編寫不能只靠文字呈現，而最好的方式就是能加入圖表的說明來呈現解謎遊戲劇情的互動路徑。因此，我們必須尋找一個合適的工具，可以讓我們以圖的方式規劃和呈現出易於觀看理解的**遊戲互動劇情路徑**。Miro 是一個用來規劃**「互動劇情路徑圖」**非常好用的工具（如下圖 2-3 所示），接下來將介紹如何運用 Miro 來規劃解謎遊戲的互動劇情路徑圖。

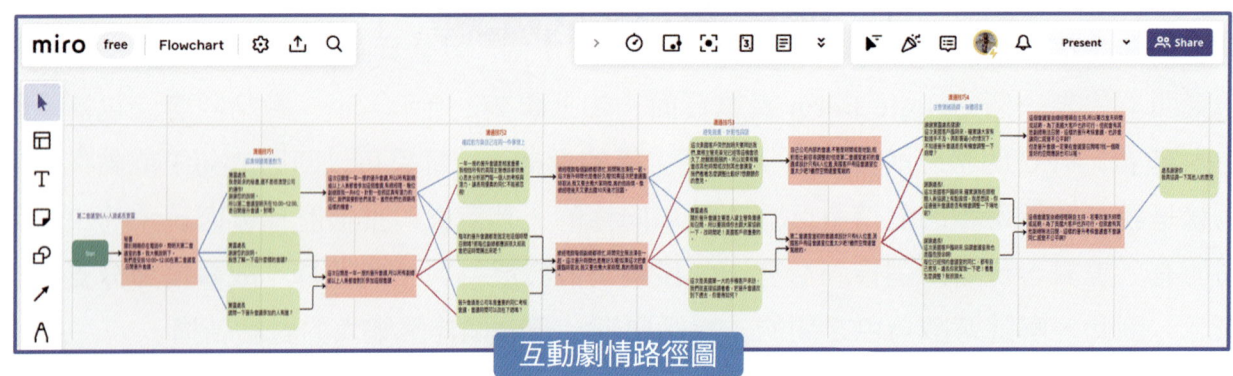

⬆ 圖 2-3　利用 Miro 規劃互動劇情路徑圖

(1) 首先,在瀏覽器上輸入網址:https://Miro.com/index/,即可進入 Miro 登入（Login）/ 登錄（Sign up）頁面（圖 2-4）。我們可以使用免費版本（免費版本有其功能限制,請詳閱官方網站說明）。

(2) 按【Sign up free】,進入登錄畫面。可直接用 Google 帳號登錄,或輸入一個私人 E-mail。進行登錄是很重要的,可以讓您的設計檔案被保留,且只要隨時登入即可開啟舊檔,另外還可以設定與夥伴分享。登錄後,即進入 Miro 首頁（圖 2-5）。

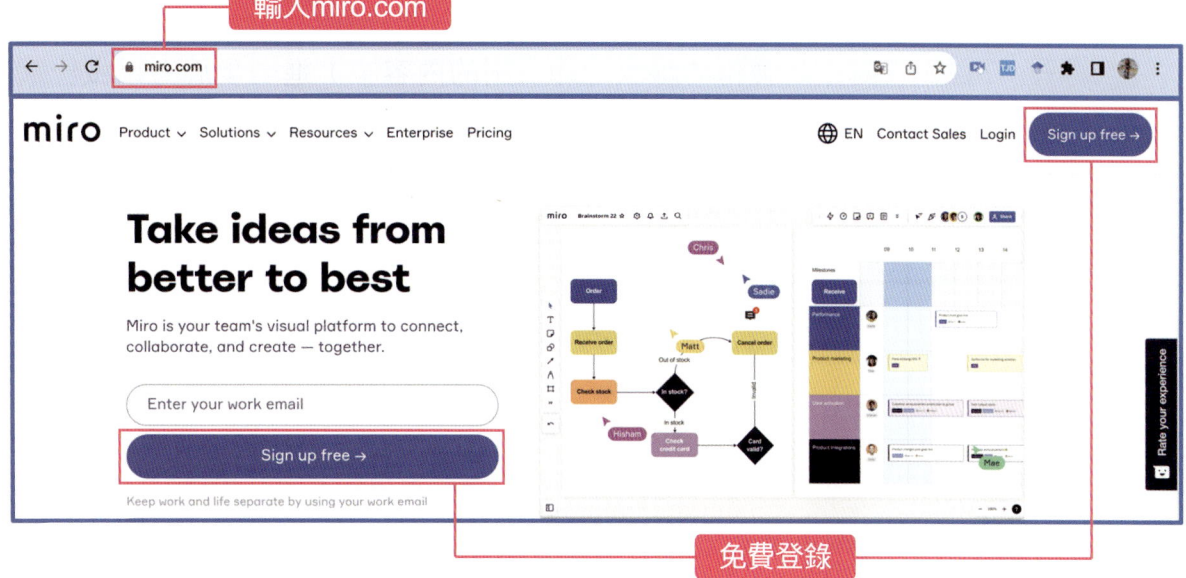

↑ 圖 2-4　Miro 首頁

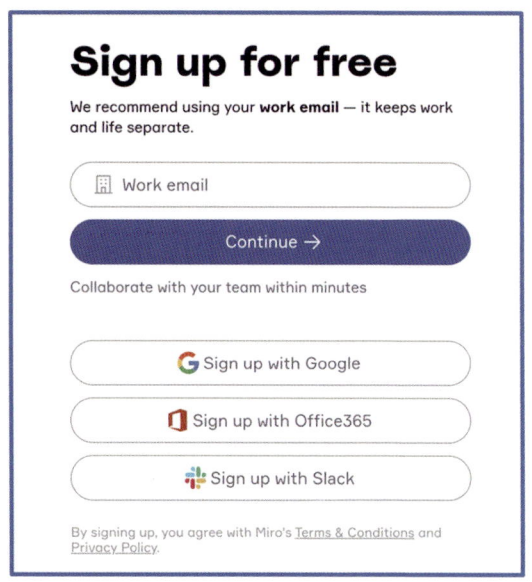

↑ 圖 2-5　Miro 執行登錄畫面

(3) 使用 Miro 時，您可以按【Create a board】自行建立新的模板（board），或運用 Miro 官方提供的模板範本。若覺得首頁顯示的模板範本樣式不符合需求，別擔心！按右上方【Show All】可以呈現更多的模板範本喔，其中也有不少是其他專業設計者提供的模板分享（有些需要付費，有些則是免費）。有時間不妨多逛逛這些模板範本，更能了解 Miro 運用的多元性喔（圖 2-6）。

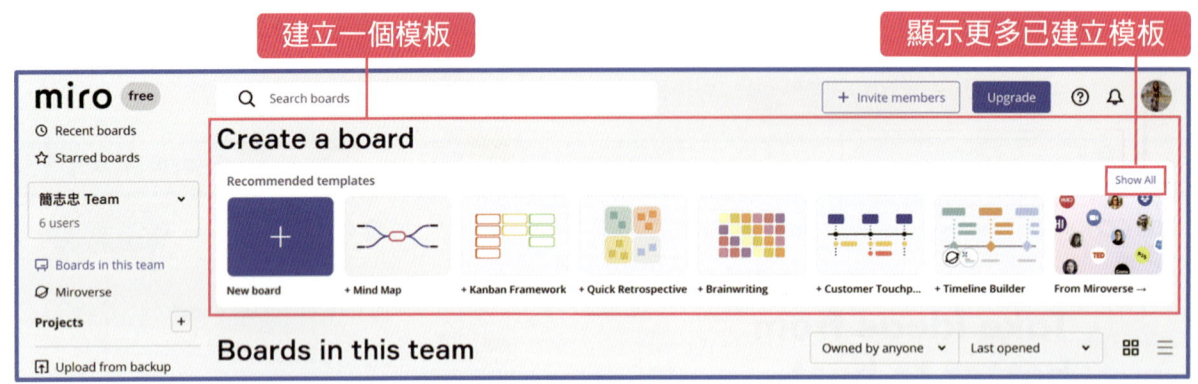

↑ 圖 2-6　Miro 建立模板

(4) 情境解謎遊戲劇情的互動對話會隨著遊戲的時間軸前進而一幕一幕依序呈現，設計者很容易因為面對大量的「對話頁面」，稍有不慎眼一花，導致「對話頁面」的**分支設定**（即「故事情節分支」的設定）未正確連接，造成劇情發展的錯誤，且往往不容易做偵錯的動作。為了讓互動劇情的路徑更能一目了然，我們通常會使用「流程圖模板（Flowchart）」來做互動劇情路徑規劃，請選擇【Flowchart】模板（圖 2-7）。

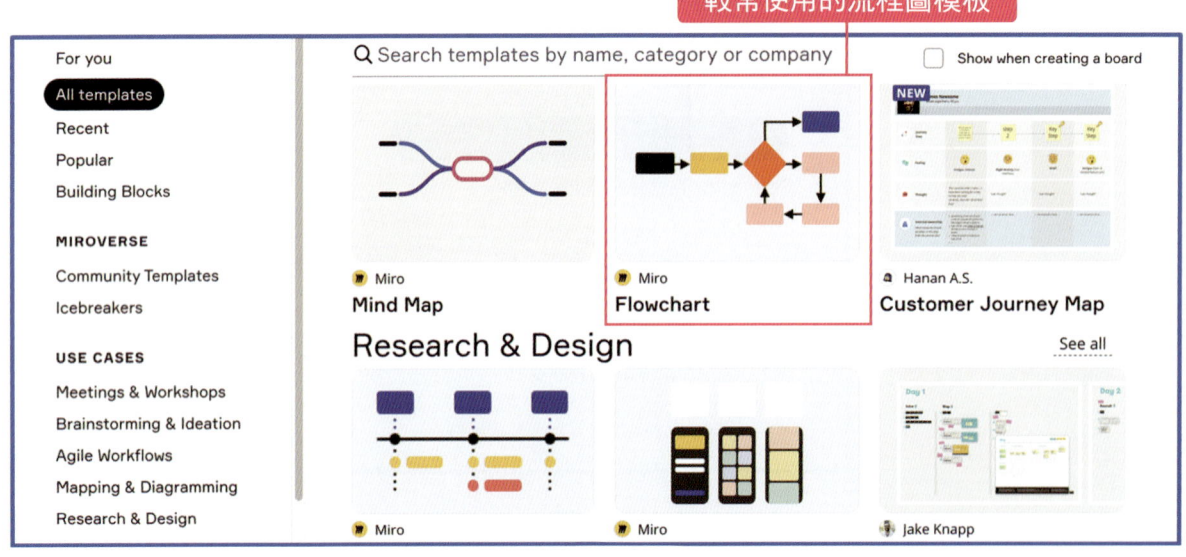

↑ 圖 2-7　選擇流程圖模板

(5) 在【Flowchart】頁面選擇【Use blank template】產生一個空白模板（圖 2-8）。

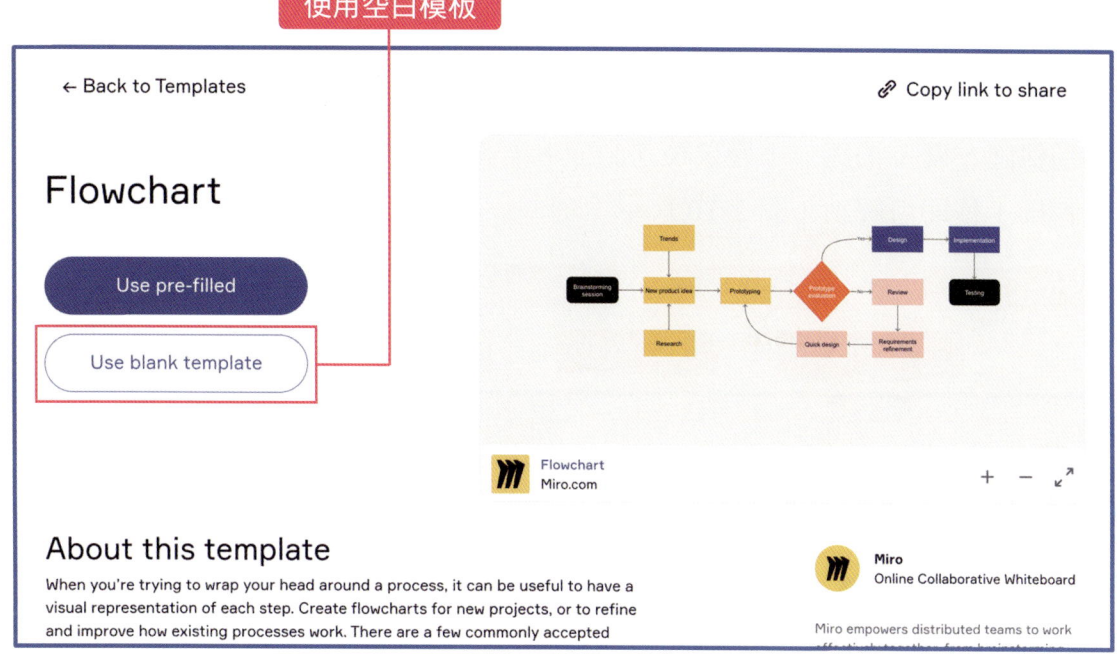

↑ 圖 2-8　建立空白模板

(6) 選擇【Create team Board】建立共用的空間，此時就會出現流程圖模板範本。除了直接套用這些模板範本外，您也可以依照自己的喜好選擇適當的模板樣式及顏色（圖 2-9）。

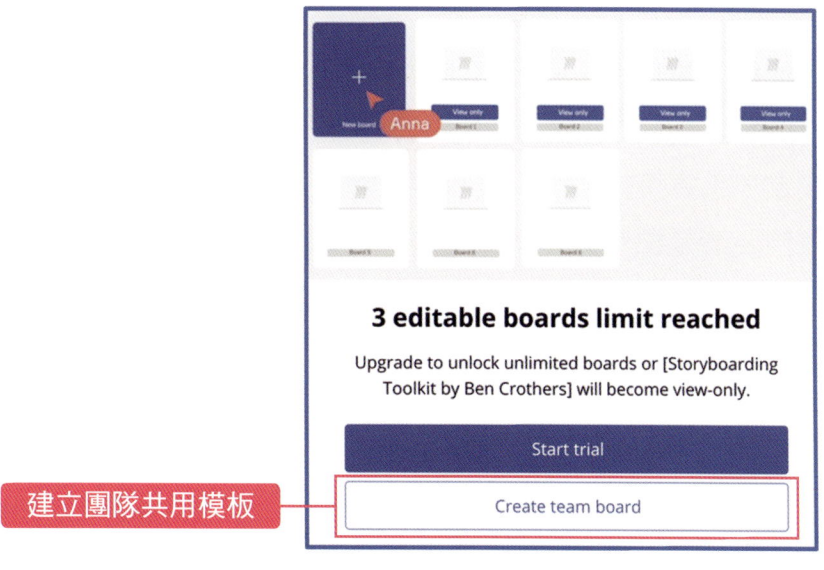

↑ 圖 2-9　建立團隊共用模板

(7) 把角色的「對話內容」放置在「方塊模板」內,請您用滑鼠左鍵點擊任何一個方塊模板,將會出現方塊模板的功能表。大致功能設定與 Microsoft Word 和 Power Point 相同,所以很容易上手喔!其中有一個非常貼心的功能就是「模板鎖」的使用,當方塊模板的「對話內容」設定好後,按【模板鎖】則該模板將受到保護,就不怕萬一手殘破壞了心血。若要解開模板鎖,在方塊模板上滑鼠左鍵長按 1 秒即可解鎖(圖 2-10)。

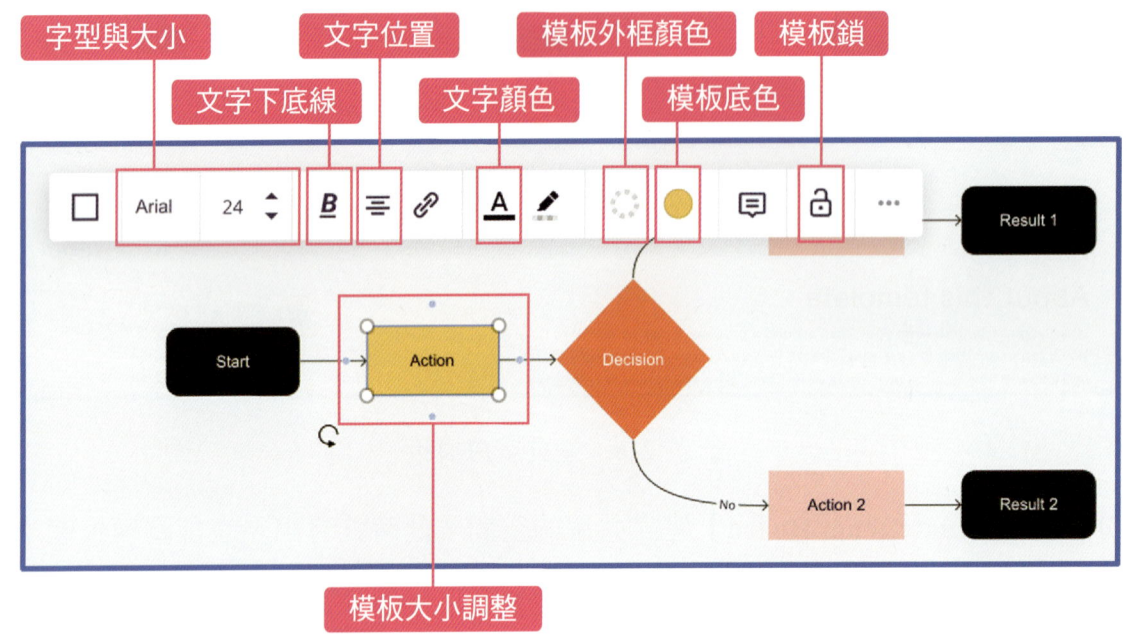

↑ 圖 2-10 方塊模板的功能表

(8) 接下來要使用「連接線」串接方塊模板,設定遊戲劇情的發展路徑,也就是同一個「對話頁面」的「問的內容」與「答的選擇」連接設定,以及「對話頁面分支」的連接設定。「連接線」可以是實線、虛線、弧線、直角線、各種箭頭等樣式。重點是我們要清楚標示每一個方塊模板的路徑軌跡和方向。當您用滑鼠左鍵點擊任何一條連接線時,將會出現連接線的功能表,選擇您想要的連接線樣式,將兩個方塊模板連接起來(圖 2-11)。

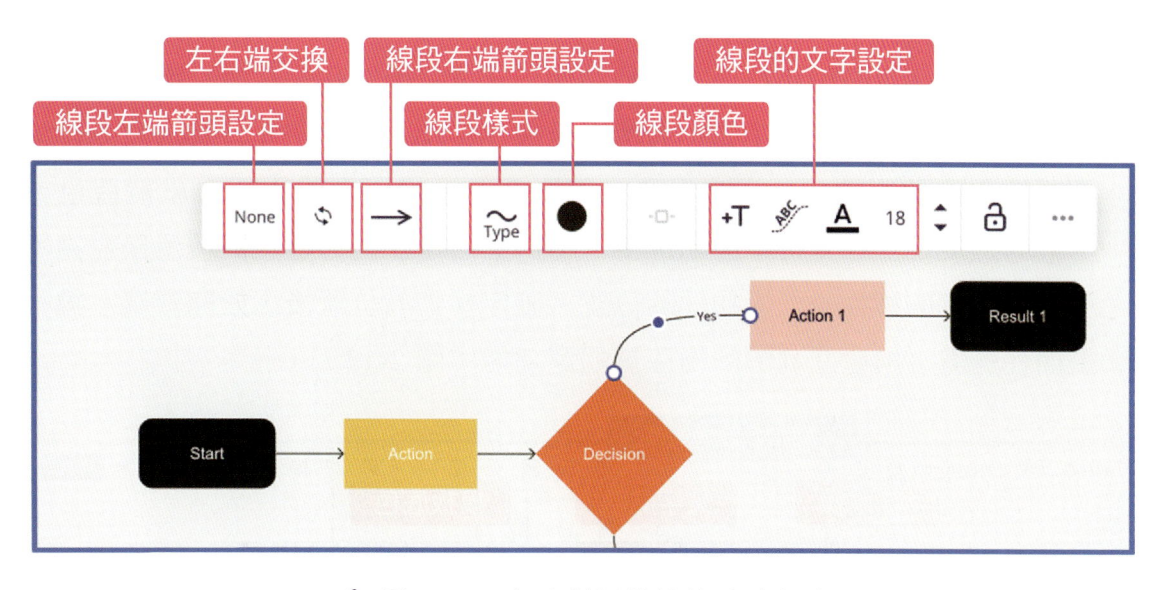

↑ 圖 2-11　方塊模板的連接線功能表

(9) 當您想在模板上擴充方塊模板或其他物件時，可以選擇畫面左邊直列式的功能鍵。這些功能鍵可以讓您快速選擇擴充需求，使劇情路徑圖的結構與視覺效果更完整（圖 2-12）。

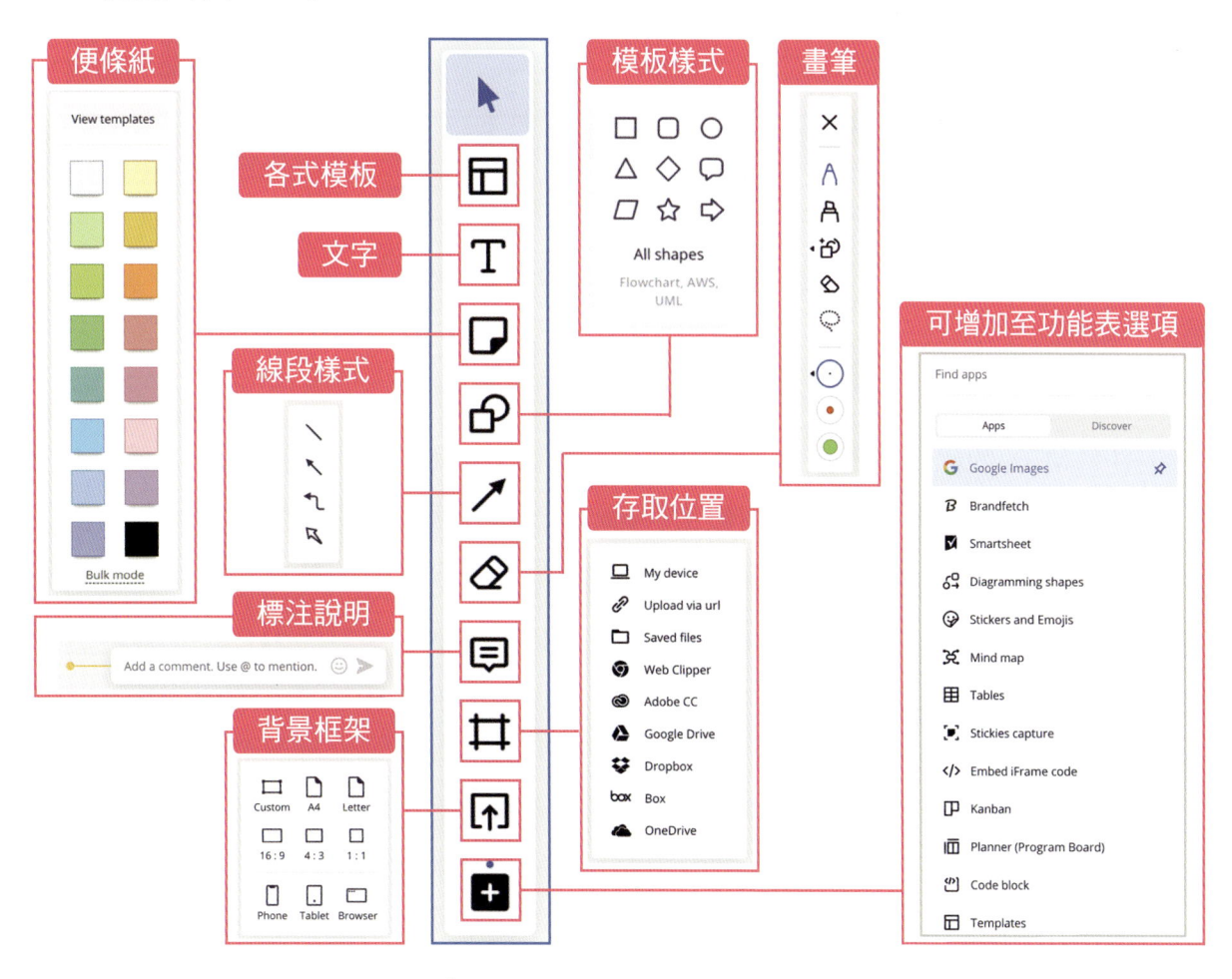

↑ 圖 2-12　直列式的功能鍵

(10) 這裡介紹一個超好用小技巧「移動物件」，這是因為我們在設計過程中常常會需要移動單一或多個物件（如：方塊模板或連接線）。請您先長按滑鼠左鍵，框選您想要移動的物件（可同時框選多個物件），被框選的物件會呈現藍色方框表示被框選成功（或直接單獨點選某一物件）。在藍色方框上長按滑鼠左鍵不放，就可以任意的移動被框選物件的位置。確定移動的位置後，放開滑鼠左鍵，點擊畫面任一處，則會立刻解除物件被框選功能（圖 2-13）。

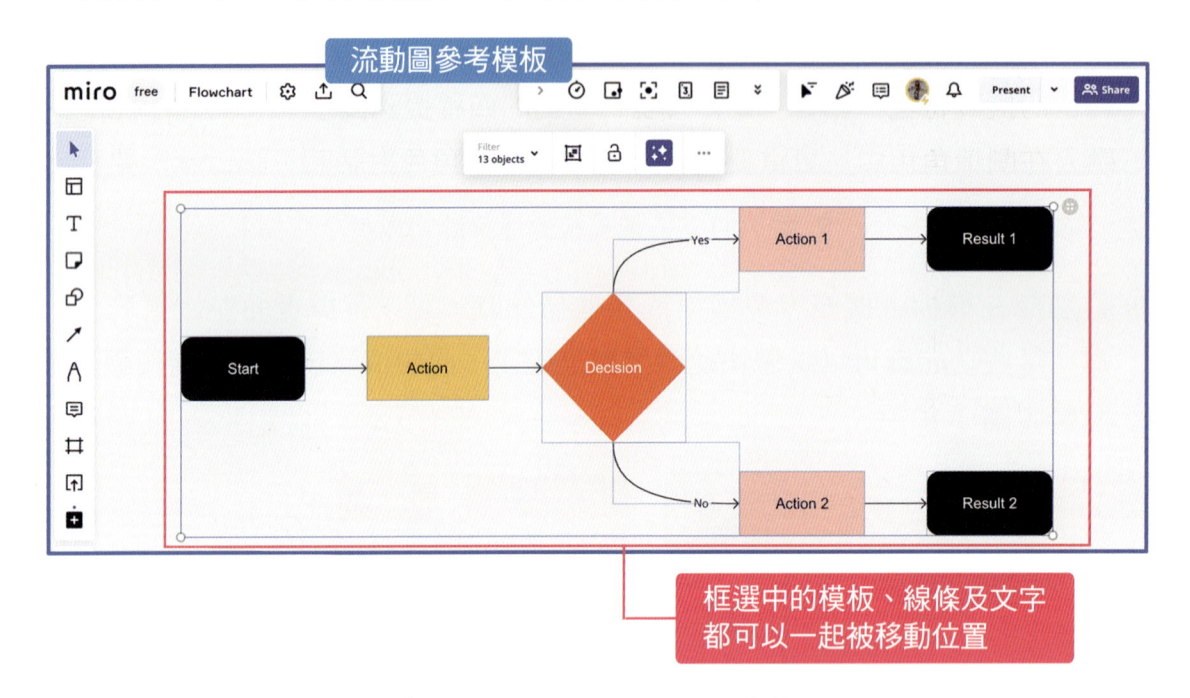

⬆ 圖 2-13　一次框選多個物件

3 Miro 實作操作說明

介紹完 Miro 的操作功能後，本書以《金牌秘書》NPC 人資處長寶靈的故事來說明，如何運用 Miro 將發想好的遊戲劇本轉化成絲絲入扣的互動劇情發展路徑。

為了讓玩家能從每一個 NPC 的對話獲得線索以完成遊戲挑戰任務，並在遊戲的過程中學習到目標知識或是能力（即遊戲目標＝學習目標，請見「**2-1 解謎遊戲設計步驟**」），設計者必須以遊戲的學習目標為基準，從中細細拆解故事的劇情事件，進而繪製遊戲的互動劇情路徑圖。可不要小看 MEG 公司會議室空間協調的問題，為了讓玩家練習協調的能力（也是本遊戲的核心學習目標），當我們用**複雜問題解決**觀點來剖析蘇菲與 NPC 寶靈的故事時，她們的互動劇情路徑是可以很鉅細靡遺的。

(1) 本書建議一個「對話頁面」給予玩家可以選擇回應 NPC 的「答的選擇」至少應設計兩個以上,也就是給玩家至少兩個以上的「答的選擇」。例如:其中一個「答的選擇」的內容可以是「有用線索的訊息」,另一個則是「較少線索的訊息」;或者一個是「有混淆訊息的線索」,另一個則是「有引導性的線索」。

(2) 角色的「對話內容」建議可以先編寫在 Excel 中,好處是容易視覺對比同一個「對話頁面」的「對話內容」,且易於修改。另外提醒您,「對話內容」的文字表達意思要準確,文字所表現的語氣和用字也可以貼近日常生活的用詞(符合情節與角色的擬真特性,請見**「2-2 情境式學習的四種擬真度」**),如此才能讓玩家更融入在劇情角色中。更重要的是,當您在編寫角色對話時,請別忘了要讓自己融入所扮演的 NPC 角色,包含這個 NPC 的人設、個性與說話方式。

(3) 當我們在 Excel 編寫好「對話內容」後,我們就可以將這些「對話內容」複製到 Miro 的「方塊模板」了。Miro 有不同樣式的「方塊模板」,建議可以使用「方塊模板」代表 NPC 的「問的內容」,「圓方模板」代表提供給玩家回應 NPC 的「答的選擇」內容(圖 2-14)。

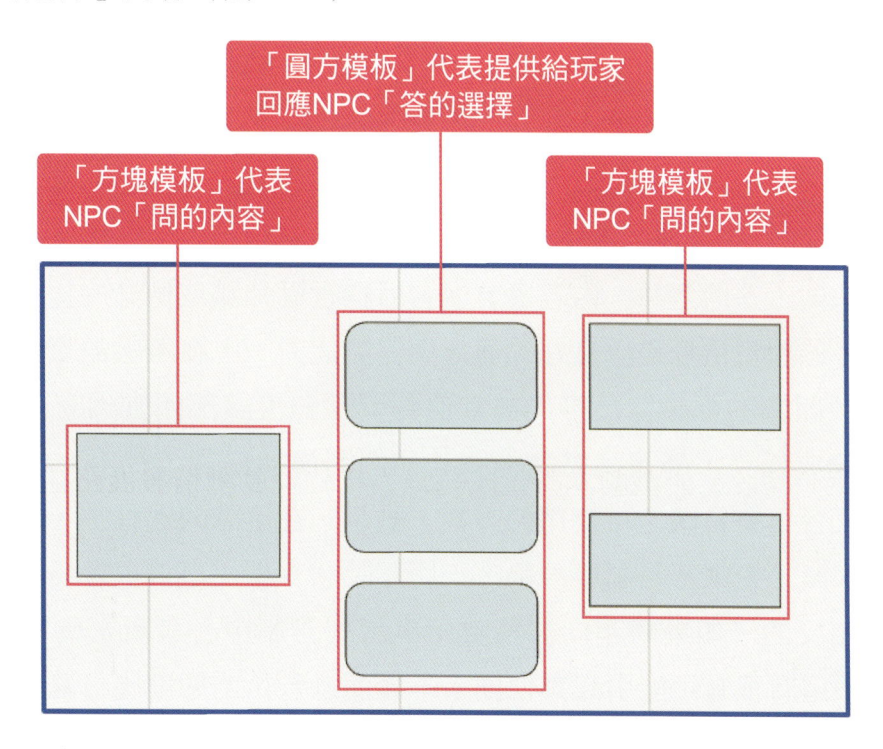

⬆ 圖 2-14　以不同形狀模板代表角色之間的互動對話或行為

(4) 我們可以用不同顏色和形狀的方塊模板來區隔「對話內容」的**屬性**（依據您的劇情設計決定是否需要），如下圖的「對話分頁」，「粉紅方塊模板」代表的是屬於 NPC 寶靈處長的「問的內容」，「淺綠圓方模板」代表的是屬於玩家的「答的選擇」。這樣在設計的視覺上就可以讓我們更好的識別這些「對話內容」的屬性（圖 2-15）。

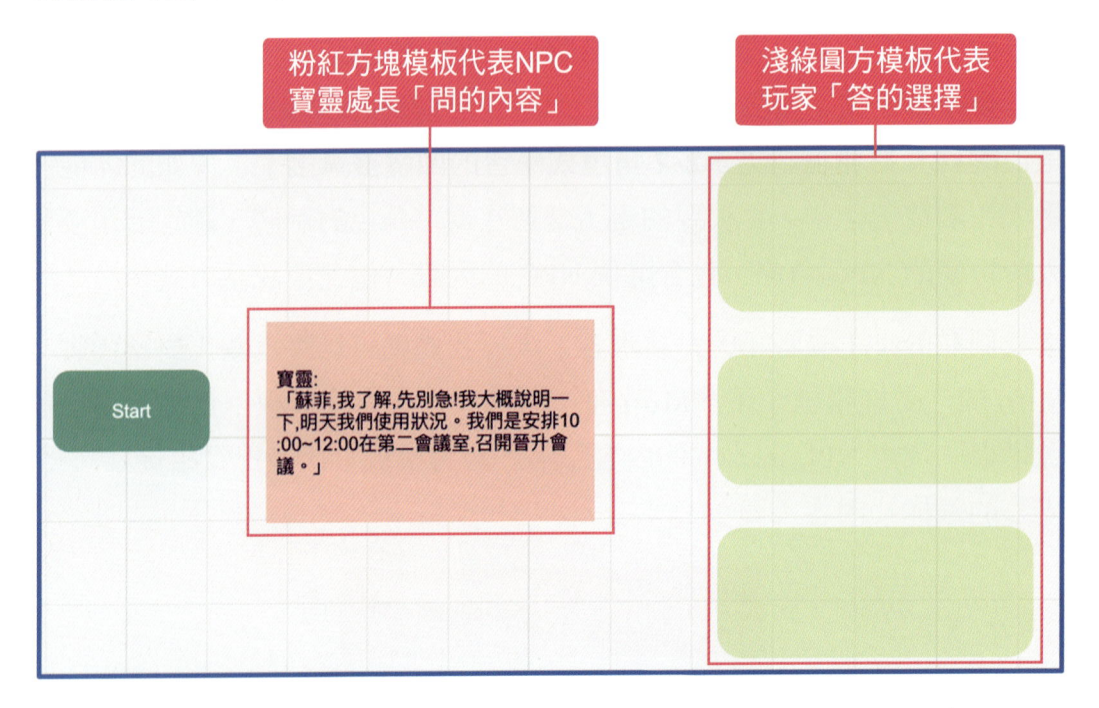

⬆ 圖 2-15　使用不同形狀與顏色的模板區隔問的內容與答的選擇

(5) 對於玩家的「答的選擇」內容應有學習目標重點知識或概念的提示與線索。《金牌秘書》的學習目標是「良好的溝通與協調能力」。在遊戲故事中，由於適合與美國客戶開會的會議室已事先被其他部門預約，該部門當然有優先使用權。然而為了達成任務，蘇菲秘書就得與其他部門溝通協調，找出一個讓所有部門都滿意而又各自有會議室可使用的方案。試想，在協調的過程中，如果同事彼此間說話很客氣，大家都是同事一場，一切好說話！相信事情很容易可以有個圓滿的方案。相反的，如果蘇菲向總務處同事詢問管制中心最新密碼的口氣不好、態度不佳，這時很有可能引起其他同事不滿而以敷衍的態度應付蘇菲，如此一來，蘇菲就無法成為金牌秘書了。因此，我們可以用這樣的概念來設計玩家的「答的選擇」。

(6) 玩家的「答的選擇」關係到下一段遊戲劇情的發展，也就是說，不同的「答的選擇」將連接到不同的「對話頁面」。因此**「對話頁面分支」**的**連接設定**極為重要。我們可以利用 Miro 的**連接線箭頭**來表示每一個「問的內容」與「答的選擇」的**路徑關聯性**。

我們以下圖 2-16 為例做說明。在「對話頁面 1」中，包含一個「問的內容」與三個「答的選擇」，所以連接線箭頭就可以標示為一對三的路徑。當玩家選擇了其中一個「答的選擇」，則「對話頁面分支」會進入「對話頁面 2」。「對話頁面 2」有兩個「方塊模板」，分別為兩個不同屬性的「問的內容」。

如此一來，劇情的路徑圖就一目了然了。提醒您，劇情路徑的連接設定應根據您的遊戲故事劇本，所以我們還是建議您先完成遊戲的故事劇本，並在 Excel 編寫好所有角色的「對話內容」（請再一次複習**「2-1 解謎遊戲設計步驟～2-3 遊戲劇本設計 – 三幕劇原理」**），確認「對話內容」的合理性，以及「對話頁面分支」的連接設定，再進入 Miro 繪製遊戲的互動劇情路徑圖。

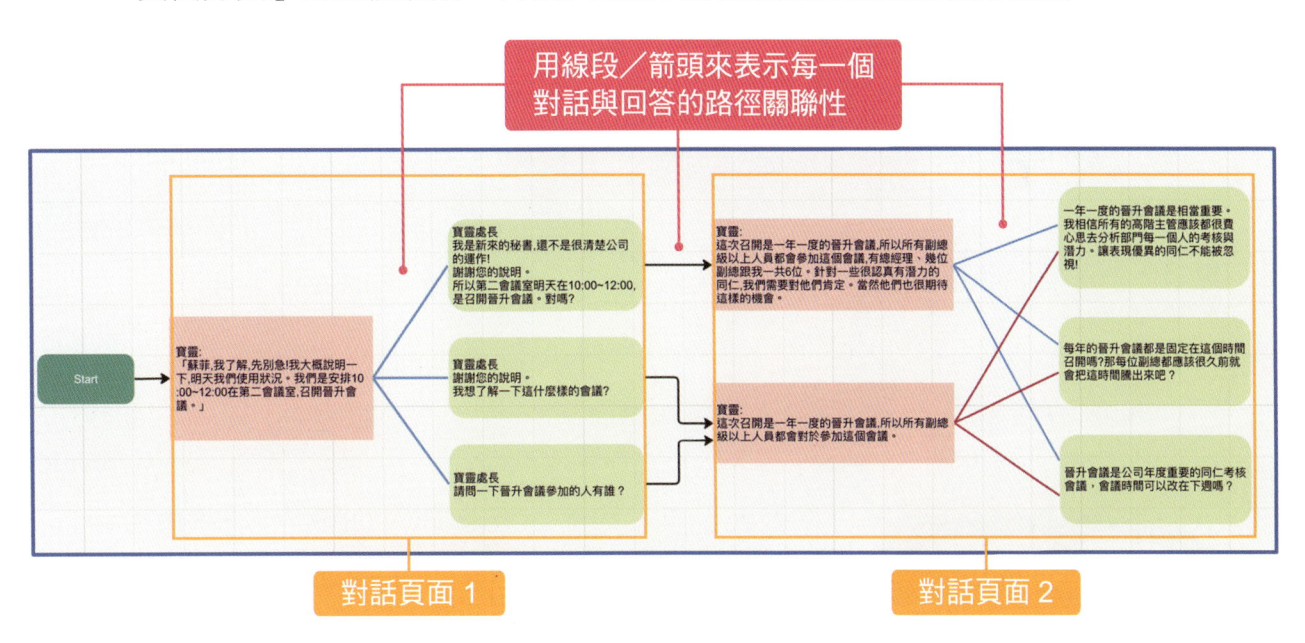

⬆ 圖 2-16　對話頁面分支的連接設定

(7) Miro 在同一個檔案的顯示畫面是可以擴展到很大的，只要用滑鼠滑動畫面或調整比例即可看到螢幕區外的路徑圖。如果您的遊戲劇情較為複雜龐大，可以將劇本先拆解成幾個小單元，每個小單元再由數個「對話頁面」組成（如同一本課本有不同的學習單元）。當然，本書建議您一開始先別太貪心，可以先設計較初階的遊戲劇本，大約 6～8 個「對話頁面」即可（圖 2-17）。

對話頁面 1　　對話頁面 2　　對話頁面 3　　對話頁面 4　　對話頁面 5

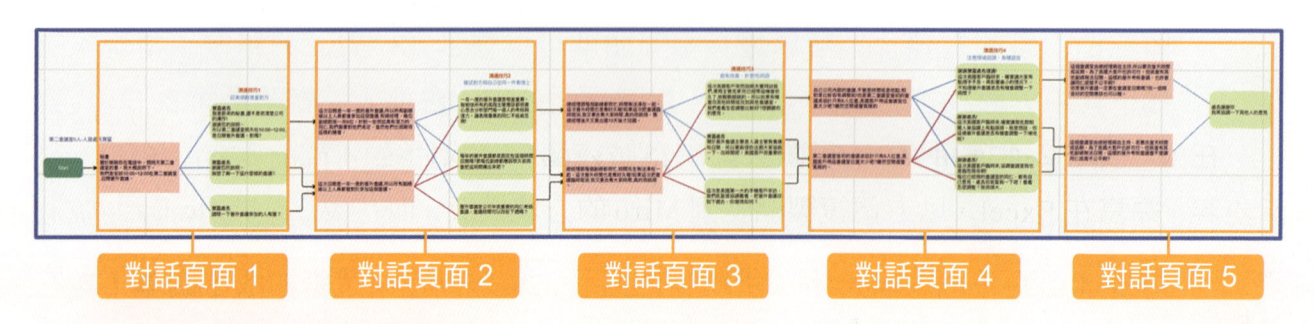

⬆ 圖 2-17　完整的對話頁面路徑流程圖

當我們運用 Miro 繪製好遊戲的互動劇情路徑圖後，就可以開始使用 Google Form 製作玩家與 NPC 互動的「對話內容」遊戲介面。但在此之前，我們還有一個很重要的概念要先認識，那就是 Miro 路徑圖「對話頁面」與 Google Form「情境區塊」的對應。

2-5 運用 Google Form 呈現互動對話劇情路徑

本節使用《金牌秘書》蘇菲祕書與 NPC 人資處長寶靈的互動對話為例，以**「區段/情境區段」**的概念來說明如何根據 Miro 的劇情路徑圖，運用 Google Form 呈現**互動對話劇情路徑**。

1 Miro 互動劇情路徑圖表格化

在前一節「**2-4 運用 Miro 規劃互動劇情路徑圖**」，我們建議先將遊戲角色的「對話內容」編寫在 Excel，以方便複製貼上到 Miro 的方塊模板。而在製作 Google Form「情境區段」之前，建議先依照「Miro 互動劇情路徑圖」的設定，將 Excel 的「對話內容」**表格化**，也就是製作與 Miro 劇情路徑圖相對應的「**互動對話劇情路徑表**」，讓我們日後可以再根據這份路徑表設計以 Google Form 呈現的互動對話劇情路徑的遊戲介面。

為了讓讀者更清晰地理解本節所介紹的解謎遊戲，在 Google Form 的劇情路徑設定概念，我們將 Miro 路徑圖之遊戲的「場景」和「路徑的連接」進行編號。「S」代表的是「問的內容」，每一個「S」都對應一個特定的情境／問題，它將引導玩家對這個情境／問題作出回應。「R」則代表「答的選擇」，是玩家對「S」的回應。每一個「S」都會設計兩個以上相對應的「R」作為玩家回應的選項（圖 2-18）。

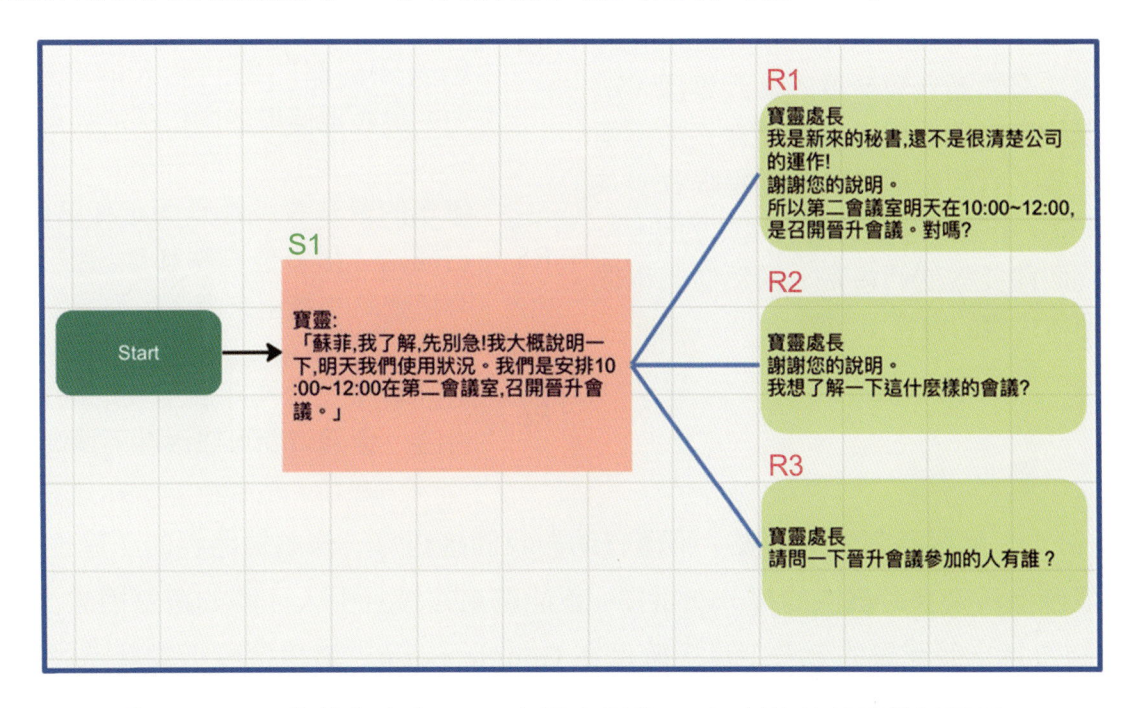

↑ 圖 2-18　蘇菲秘書與 NPC 寶靈處長的 Miro 劇情路徑圖對話頁面 1

下表 2-1 即為將蘇菲秘書與 NPC 寶靈處長的 Miro 劇情路徑圖之「對話內容」（圖 2-18）轉化為「互動對話劇情路徑表」的範例。完整的「對話劇情路徑表」請見附錄 1（蘇菲與 NPC 寶靈處長的故事背景請見**「2-4 運用 Miro 規劃互動劇情路徑圖」**）。

⬇ 表 2-1　蘇菲秘書與 NPC 寶靈處長的互動對話劇情路徑表

場景	情境內容	回應路徑	回應 / 動作
S1	寶靈： 「蘇菲，我了解，先別急！我大概說明一下，明天我們的使用狀況。我們是安排 10:00~12:00 在第二會議室，召開晉升會議。」	R1	寶靈處長，我是新來的秘書，還不是很清楚公司的運作！ 謝謝您的說明。 所以第二會議室明天在 10：00~12：00，是召開晉升會議。對嗎？
		R2	寶靈處長，謝謝您的說明。 我想了解一下這是什麼樣的會議？
		R3	寶靈處長，請問一下晉升會議參加的人有誰？
S2	這次召開是一年一度的晉升會議，所以所有副總級以上人員都會參加這個會議，有總經理、幾位副總跟我一共 6 位。針對一些很認真有潛力的同仁，我們需要對他們肯定。當然他們也很期待這樣的機會。	R4	一年一度的晉升會議是相當重要。 我相信所有的高階主管應該都很費心思去分析部門每一個人的考核與潛力。讓表現優異的同仁不能被忽視！
		R5	每年的晉升會議都是固定在這個時間召開嗎？那每位副總都應該很久前就會把這時間騰出來吧？
		R6	晉升會議是公司年度重要的同仁考核會議，會議時間可以改在下週嗎？

這份「互動對話劇情路徑表」不僅有助於我們確認每一條劇情路徑的正確性與流暢度，還能確保玩家在遊戲中的每一次選擇，都能帶來連貫且引人入勝的遊戲體驗。此外，它還能夠作為一個寶貴的參考工具，確保在 Google Form「情境區段」設計階段不會遺漏任何重要的情節或分支。一份完善的對話劇情路徑表將是您設計情境解謎遊戲的關鍵助手，確保遊戲敘事的完整性與吸引力。

2 Miro 劇情路徑圖與 Google Form 對話劇情路徑的對應概念

完成了「互動對話劇情路徑表」之後，我們就可以接著認識 Miro 路徑圖與 Google Form「情境區段」的**對應概念**。首先，我們在 Google Form 中設定蘇菲秘書與 NPC 寶靈處長「對話內容」的**初始對話**。

(1) 故事初始對話設定

> 「對話內容」情境：
> 蘇菲想詢問多媒體會議室借用一事，正巧碰到寶靈處長開完會。

> 「問的內容」：
> 寶靈處長跟蘇菲說：「蘇菲，我了解，先別急！我大概說明一下。我們是安排 10:00～12:00 在第二會議室，召開晉升會議。」

在此情境下，玩家所扮演的蘇菲秘書面臨三種「答的選擇」（也就是 Miro 劇情路徑圖的「對話頁面 1」，請見圖 2-18），每一個「答的選擇」都會引導玩家進入不同的遊戲情境。以下為運用 Google Form 呈現 Miro 劇情路徑圖的「對話頁面 1」的對應樣貌（即為**「第一情境區段」**，圖 2-19）。（詳細的設定方式將在**「第 4 章 Google Form 解謎情節互動設計」**介紹）。

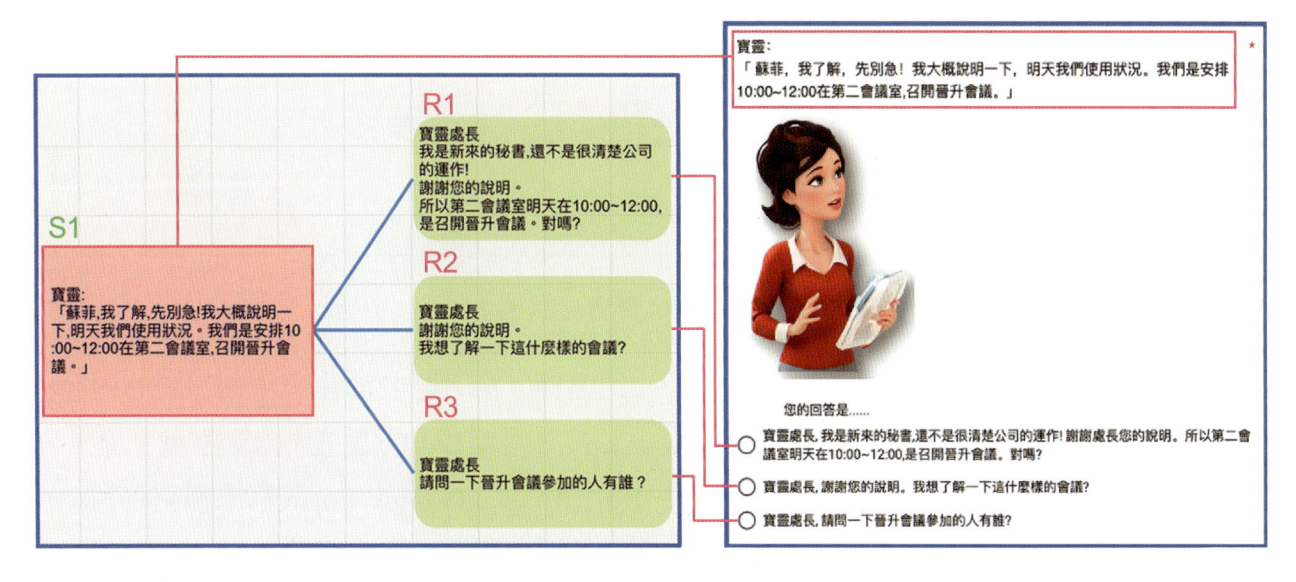

↑ 圖 2-19　Miro 劇情路徑圖對話頁面 1 與 Google Form 第一情境區段的對應

(2) 互動對話劇情路徑設定

　　玩家在「第一情境區段」的 Google Form 做出選擇／回應，並進入下一個新的遊戲情境（也就是 Miro 路徑圖的「對話頁面 2」）。玩家在「對話頁面 2」將獲得新的「問的內容」，同時出現三個新的「對話選擇」，並再次做出決策（此即為 Google Form 的**「第二情境區段」**），如此一步一步地推進遊戲的進程。透過與 NPC 的深入交流，玩家將會獲得更多資訊，並進一步確定解決方案。遊戲劇情的每個「情境區段」提供了兩個以上選擇，玩家必須仔細考慮如何做出最佳決策。根據玩家的決策，將導致遊戲的劇情變化為不同的結果。遊戲中的挑戰將會越來越深入與複雜，這更接近真實生活中的問題解決過程。

　　為讓您更清楚的理解 Google Form 所呈現的**遊戲路徑變化**，本書進一步地將路徑的連接與變化再一次舉例做詳細的說明。在圖 2-20 Miro 劇情路徑圖中，您會發現，當玩家在最初的「問的內容 S1」，有三個「答的選擇」給玩家做回應（分別為 R1、R2、R3）。此時，S1 與 R1、R2、R3 即會組成「Google Form 第一情境區段」。

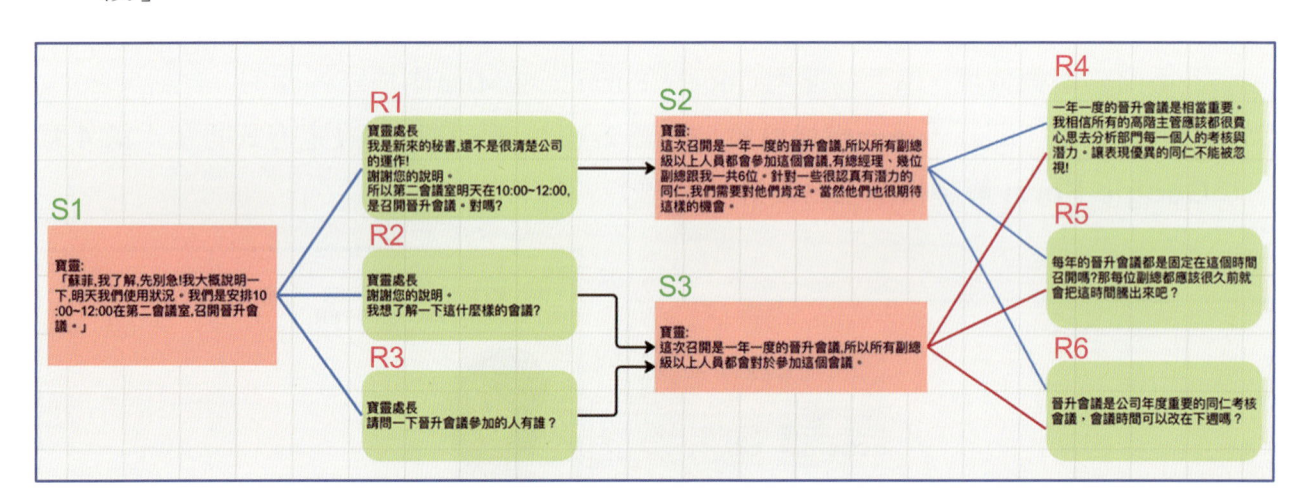

⬆ 圖 2-20　蘇菲秘書與 NPC 寶靈處長的 Miro 劇情路徑圖

　　玩家選擇 R1、R2、R3 其中一個「答的選擇」後，即會前往下一個「問的內容」的情境（S2 或 S3）。在 S2 或 S3 情境中，又有三個新「答的選擇」給玩家做回應（分別連接著 R4、R5、R6）。則 S2 與 R4、R5、R6 為「Google Form 第二情境區段」；S3 與 R4、R5、R6 則為「Google Form 第三情境區段」（如圖 2-21）。因此，當玩家的決策不同，就會產生不同的解謎路徑，例如：S1 → R1 → S2 → R5，或者是 S1 → R2 → S3 → R6。

第 2 章　解謎遊戲腳本設計

S1　寶靈：
「蘇菲，我了解，先別急！我大概說明一下，明天我們使用狀況。我們是安排 10:00~12:00在第二會議室,召開晉升會議。」

您的回答是……

R1　○ 寶靈處長,我是新來的秘書,還不是很清楚公司的運作! 謝謝處長您的說明。所以第二會議室明天在10:00~12:00,是召開晉升會議。對嗎?

R2　○ 寶靈處長，謝謝您的說明。我想了解一下這什麼樣的會議?

R3　○ 寶靈處長,請問一下晉升會議參加的人有誰?

第一情境區段

S3　寶靈：
「這次召開是一年一度的晉升會議，所以所有副總級以上人員都會對於參加這個會議。」

您的回答是……

R4　○ 一年一度的晉升會議是相當重要。我相信所有的高階主管應該都很費心思去分析部門每一個人的考核與潛力。讓表現優異的同仁不能被忽視!

R5　○ 每年的晉升會議都是固定在這個時間召開嗎?那每位副總都應該很久前就會把這時間騰出來吧?

R6　○ 晉升會議是公司年度重要的同仁考核會議，會議時間可以改在其他時間嗎?

第三情境區段

⬆ 圖 2-21　Google Form 第一情境區段和第三情境區段呈現樣貌

實作練習 2：互動對話劇情路徑牛刀小試

在本章中，我們學會了如何設計解謎遊戲的劇本、如何使用 Miro 規畫劇情的路徑圖，以及 Miro 路徑圖與 Google Form 對話劇情路徑的對應概念。接下來就讓我們動手練習練習吧。以下是情境解謎範例遊戲《冒險家的旅程》的 Miro 路徑圖，請依「**2-5 運用 Google Form 呈現互動對話劇情路徑**」與「**附錄 1**」的說明，試著在下方表格上填寫此遊戲的 Google Form 對話劇情路徑。

遊戲故事背景

在古老的村莊中，傳說隱藏著一片未知的神秘土地。您是一名充滿好奇心的年輕旅行家，被這個傳說深深吸引，決定尋找那片土地的秘密。

儘管村民們警告那是一片禁地充滿了未知的危險，但您的冒險精神驅使您決定冒險前往，期望能夠揭開這片土地背後的真相。

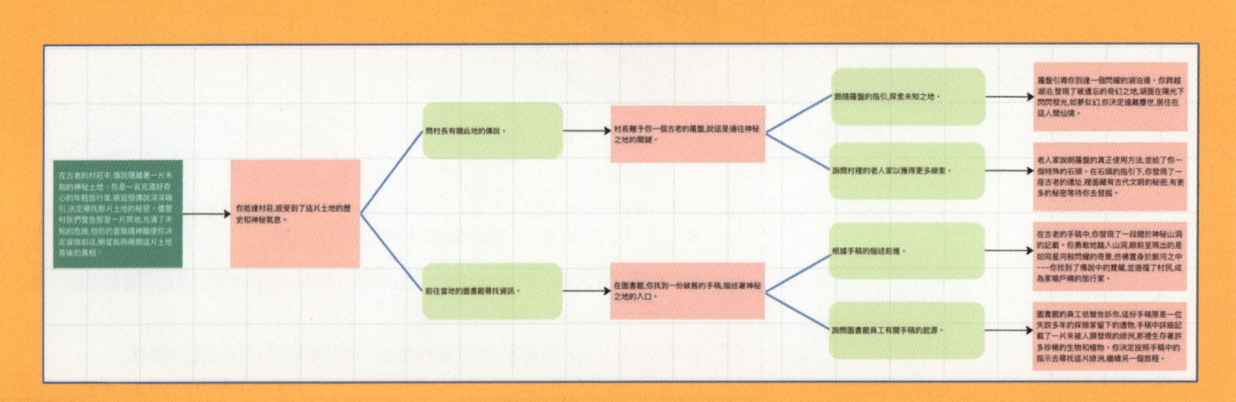

⬆ 圖 2-22　《冒險家的旅程》互動劇情路徑圖

44

▼ 表 2-2　《冒險家的旅程》互動對話劇情路徑表

場景	情境內容	回應路徑	回應 / 動作
S1		R1	
		R2	
S2		R3	
		R4	
S3		R5	
		R6	
S4			
S5			
S6			
S7			

※ 參考解答請見附錄 2。

NOTE

第 3 章
Gather Town 虛擬空間設計

3-1 Gather Town 簡介與註冊
3-2 Gather Town 功能簡介
3-3 Gather Town 空間場景編輯
3-4 在 Gather Town 中加入線索訊息與外部連結
實作練習 3：Gather Town 密室脫逃實作練習

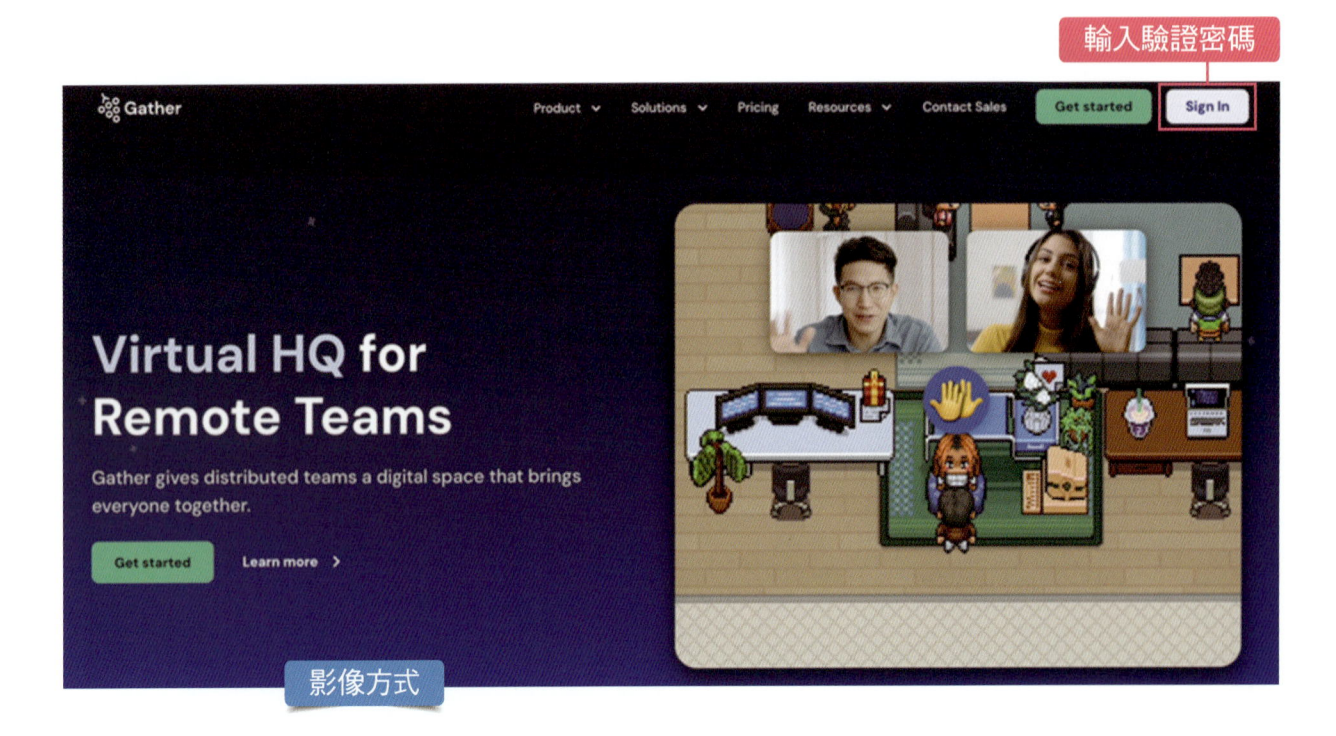

3-1 Gather Town 簡介與註冊

各位！準備好了嗎？接下來，本章節將跟各位介紹如何使用 Gather Town，一步一步帶著您在虛擬世界中打造一個屬於自己的情境解謎遊戲空間。

Gather Town 是一個不需註冊就可使用的遠距社交平台，受邀約人只要取得【授權連結網址】在網頁瀏覽器開啟，不需下載安裝軟體和註冊，直接登入即可使用。當我們在 Gather Town 創建虛擬空間的時候，創建者就是這個空間的擁有者，且擁有管理權限。如果沒完成註冊，這些空間資料就只會暫存在此裝置設備上，很有可能因裝置設備的問題而造成所創建的空間無法重新編輯或資料遺失。但是如果先註冊了帳號再創建空間，這樣不管在哪裡或使用其他裝置設備，只要登入帳號就可以再次編輯自己權限的空間。因此，建議大家還是先註冊一個帳號，這樣辛苦創建的空間才不會因遺失而造成欲哭無淚的心痛。

1 Gather Town 註冊及登入

首先我們要在 Gather Town 註冊並登入。在瀏覽器上輸入 Gather Town 連結網址：https：//www.gather.town，隨即出現歡迎畫面。接下來按【Sign In】做登入動作，出現【登入畫面】（圖 3-1）。

⬆ 圖 3-1　Gather Town 歡迎畫面

若是第一次使用 Gather Town，有兩種登入方式：

(1) 直接【使用 Gmail 帳號】，再輸入【Gmail 帳號密碼】即可登入（圖 3-2）。

⬆ 圖 3-2　使用 Gmail 帳號登入

(2) 使用其他 E-mail 信箱帳號登入。輸入【信箱帳號】後會出現需要 6 位數【驗證密碼】畫面（圖 3-3）。

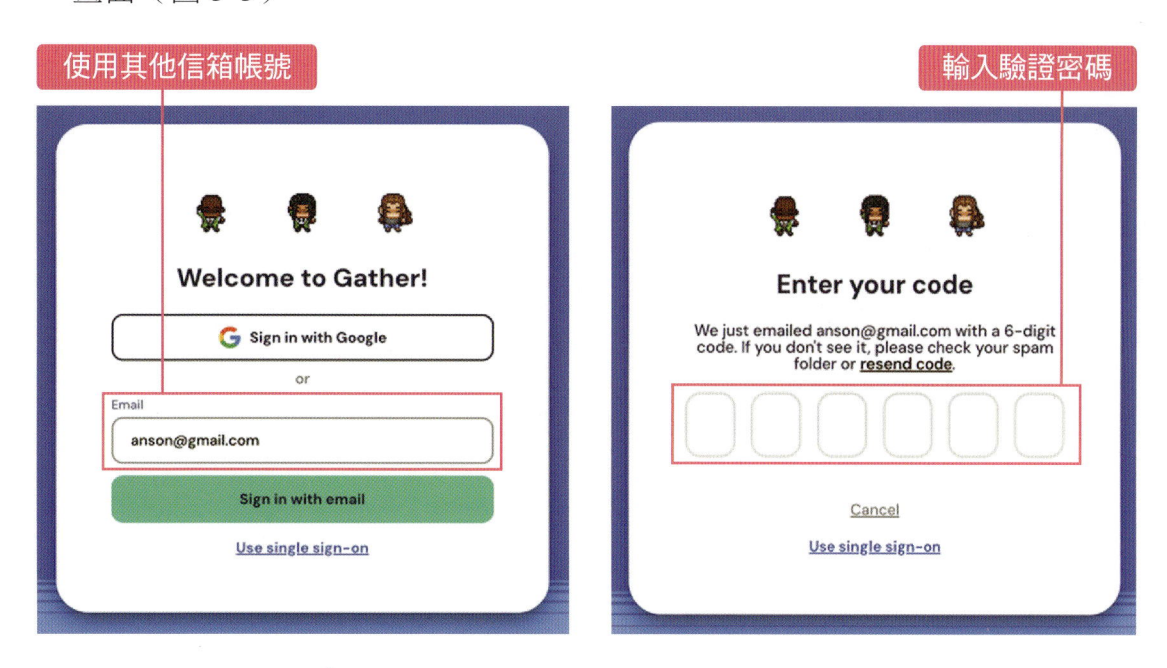

⬆ 圖 3-3　使用其他 E-mail 信箱帳號登入

Gather Town 會將【驗證密碼】寄到該信箱（圖 3-4），我們再將 6 位數的驗證密碼輸入，即可登入（圖 3-5）。

驗證碼信件

▲ 圖 3-4　Gather Town 傳送的驗證密碼

當出現以下畫面時，恭喜您註冊並登入成功了（圖 3-5）！

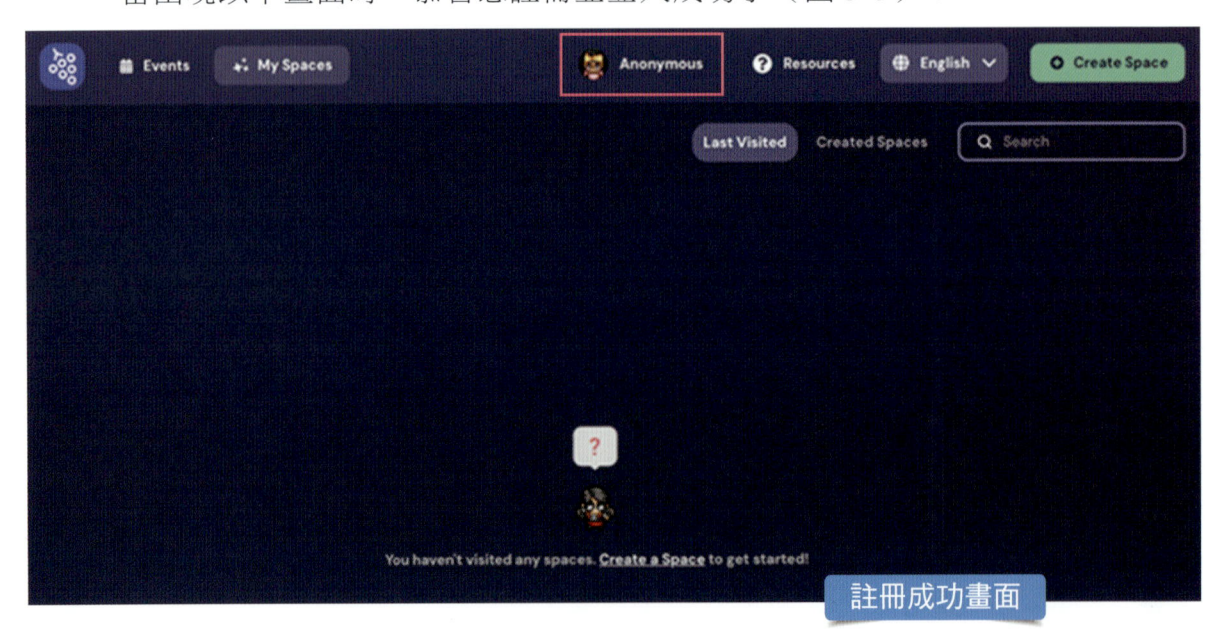

註冊成功畫面

▲ 圖 3-5　Gather Town 成功登入畫面

2 創建虛擬角色與名稱

接下來,我們需要創建一個屬於自己的虛擬角色和名稱。當成功登入後,Gather Town 系統會自動生成一個虛擬角色,您可以選擇沿用此角色或設計一個屬於自己個人化造型的角色。若要創建新的角色造型,請用滑鼠點選畫面上方的【Anonymous】,將出現角色造型的模板,可以依照自己的喜好在模板上選擇髮型、膚色、衣服、褲子、鞋子款式及顏色,還有不同的造型配件。各位可以好好發揮創意來為自己的虛擬角色打扮一番喔,相信獨一無二就是您。

3 鍵盤操作小技巧

另外,熟悉虛擬角色操作的小技巧將可以為您增加遊戲的互動感(圖 3-6)。

(1) 使用【上、下、左、右】方向鍵或【W、A、S、D】鍵來控制角色移動。
(2) 按【Z】鍵,人物會跳舞。一起開心動一動。
(3) 按【F】鍵,人物會撒花。可以替夥伴喝采一下。
(4) 按【G】鍵,人物會變隱形。當有人阻擋您時,可以隱形穿越喔。

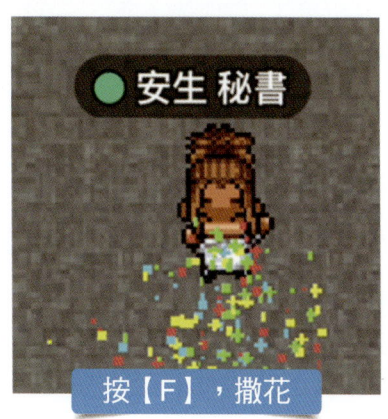

↑ 圖 3-6 Gather Town 鍵盤操作說明

3-2 Gather Town 功能簡介

要讓玩家在 Gather Town 探索遊戲的過程中，更接近擬真的現實生活互動，Gather Town 平台有一些功能一定需要事先熟悉一下，才會更加有趣。

1 控制操作列介紹

進入 Gather Town 後，在畫面最下方有一個【控制操作列】，這些功能設定可以讓 Gather Town 的互動更加多元化。以下我們將逐一介紹（圖 3-7）：

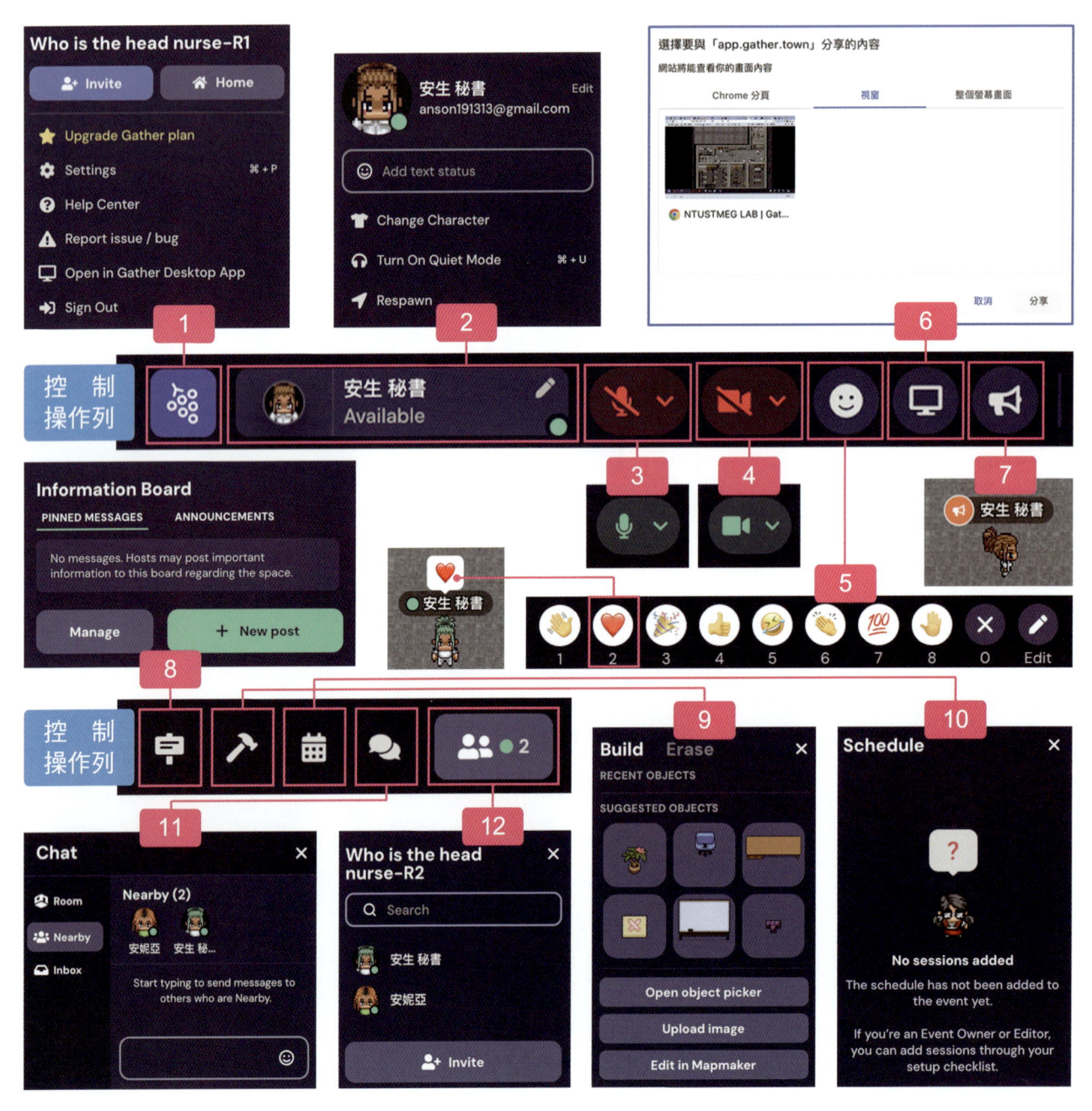

⬆ 圖 3-7　Gather Town 控制操作列

(1) **Gather Town 設定表**：可在此列表中調整與 Gather Town 相關的設定。按【Settings】出現設定列表→點選【Keyboard Shortcuts】即顯示快捷鍵列表。建議大家可熟悉一下這些快捷鍵，將可大大提升角色間的互動性（圖 3-8）。

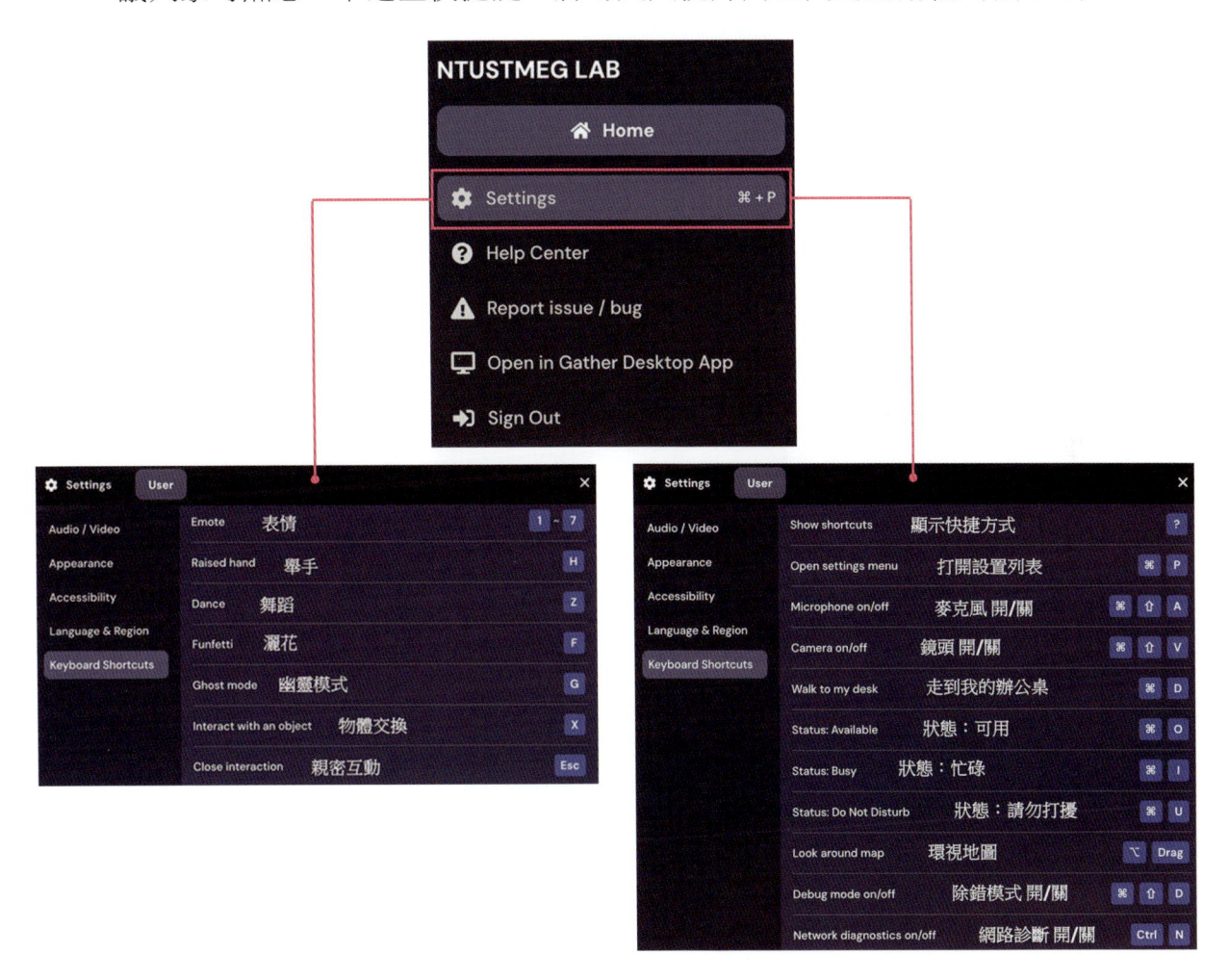

⬆ 圖 3-8　Gather Town 設定表

(2) **遊戲角色個人化設定表**：可變更個人化的遊戲角色造型與名稱。進入 Gather Town 後，若想更改自己的造型或名稱，也是可行的。按下方圖示的【A】→出現造型【特徵表】。或在自己的【設定表】中按【Change Character】→出現【特徵表】。按【B】→出現自己的【設定表】→【Edit】將可修改名稱（圖 3-9）。另外，在【設定表】下方按【Respawn】，可讓自己操控的虛擬角色不管在空間的何處，都將立即回到空間的起始點，如此一來就可以解決在虛擬空間中迷路的問題（此功能非常好用喔）。

↑ 圖 3-9　遊戲角色個人化設定

(3) **麥克風 開/關**：直接按下即可更改麥克風的狀態，【綠色開啟/紅色關閉】（圖 3-10）。

↑ 圖 3-10　麥克風設定

(4) **視訊鏡頭 開/關**：直接按下即可更改視訊鏡頭的狀態，【綠色開啟/紅色關閉】（圖 3-11）。

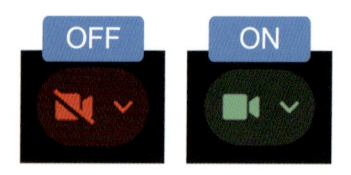

↑ 圖 3-11　視訊鏡頭設定

(5) **表情符號**：可選擇自己想要表現的表情符號。亦可直接按鍵盤上的【數字 1 ～ 7】為表情快速鍵，表情符號立即呈現在虛擬角色的上方。如：按【2】將出現一顆 ♡。【表情快速鍵 1 ～ 7】的表情內容可以依照自己喜好變更（圖 3-12）。

↑ 圖 3-12　表情符號選擇

(6) **畫面分享設定**：可依照分享內容的需求設定。包含分享瀏覽器分頁、視窗、整個螢幕畫面（圖 3-13）。

↑ 圖 3-13　遊戲畫面分享設定

(7) **擴音廣播**：可以對在同一個虛擬空間的所有虛擬角色做訊息廣播，同一個虛擬空間的玩家都可以聽到您的聲音。若開啟此設定，您的虛擬角色上方將出現【擴音器】的符號（圖 3-14）。

⬆ 圖 3-14　遊戲角色正在執行擴音廣播

(8) **公布欄**：可在公布欄上發布即時公告，【Make announcement】→【Message / 輸入公告內容】→【Post】（圖 3-15），以及傳送即時訊息【New Post】→【Message / 輸入訊息】→【Post】（圖 3-16），給同一個虛擬空間的所有玩家。

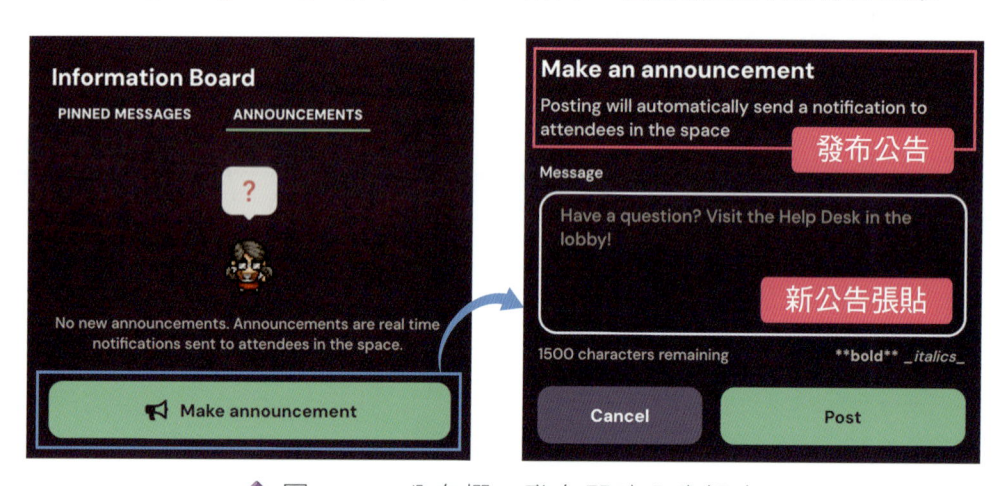

⬆ 圖 3-15　公布欄－發布即時公告設定

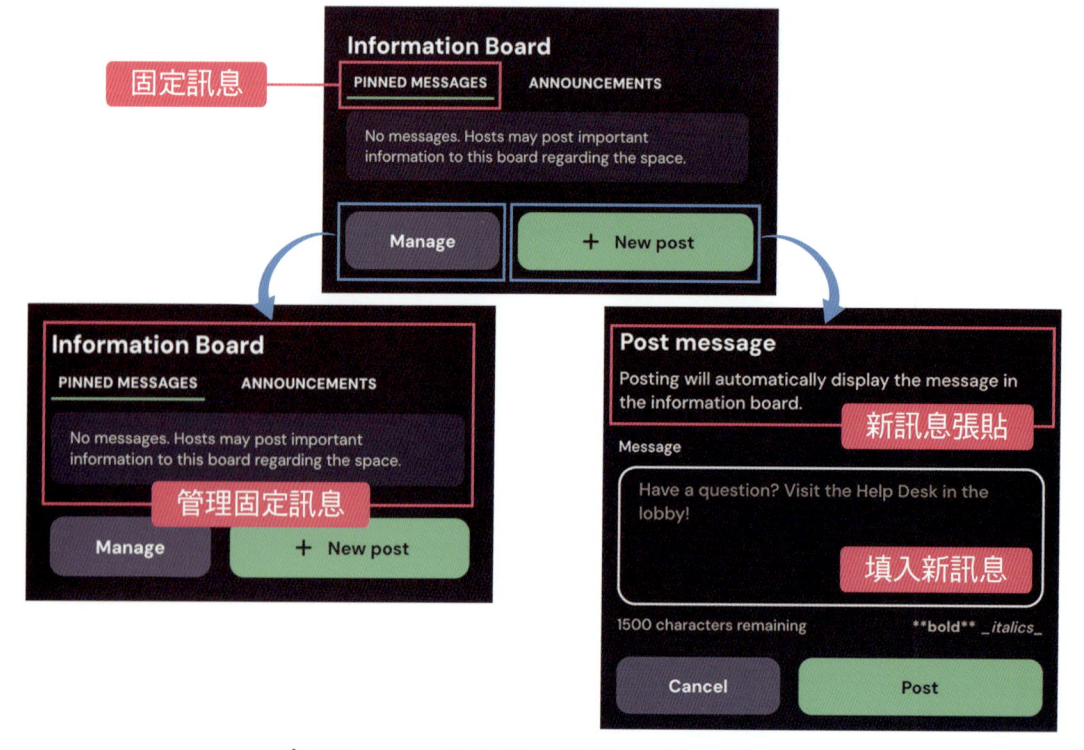

⬆ 圖 3-16　公布欄－傳送即時訊息設定

(9) **建立 / 修改場景及物件：**當需要建立或修改空間場景或物件時，可按【榔頭】圖示來執行（圖 3-17）。此功能我們將在下一節「**3-3 Gather Town 空間場景編輯**」做更詳細的介紹。

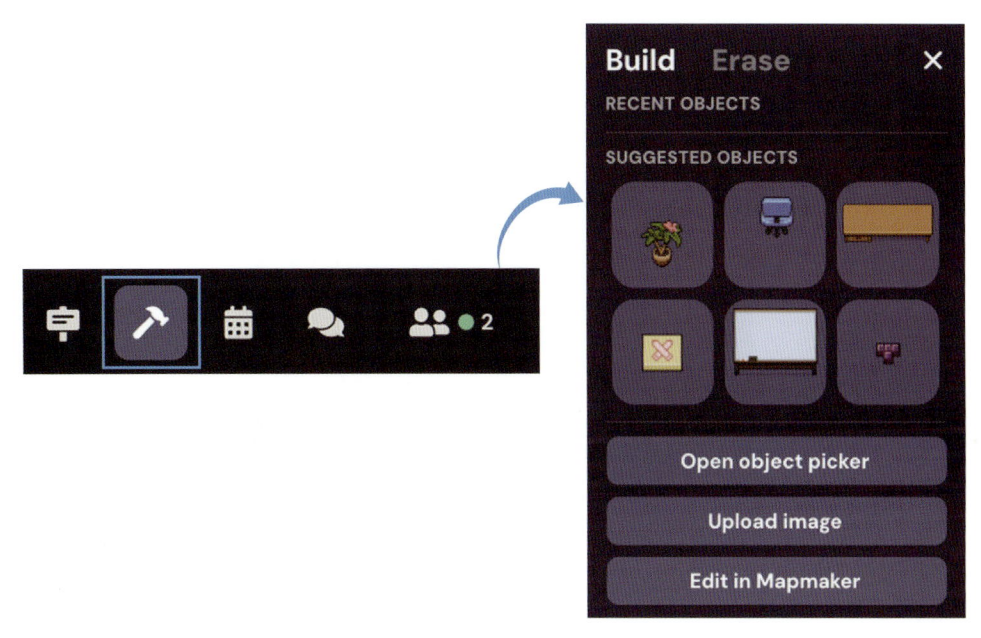

⬆ 圖 3-17　建立 / 修改場景或物件

(10) **行事曆：**如果您是此空間的管理者或編輯者，可以透過設置此功能添加線上會議（圖 3-18）。

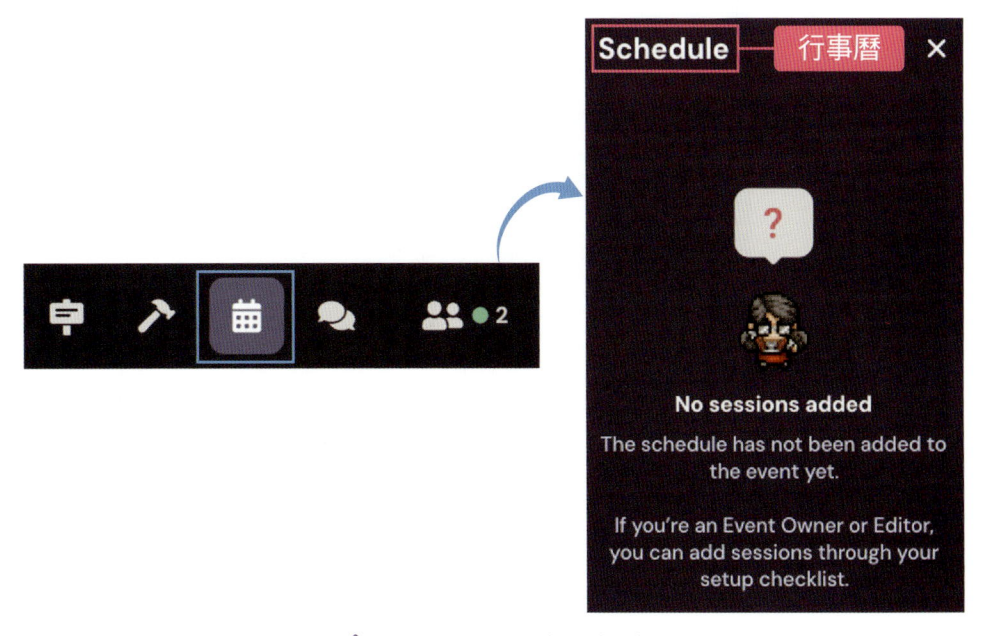

⬆ 圖 3-18　行事曆設定

⑾ **聊天訊息**：輸入文字送出，向同一個虛擬空間的每個角色發送消息。也可選擇發送給指定的角色（圖 3-19）。

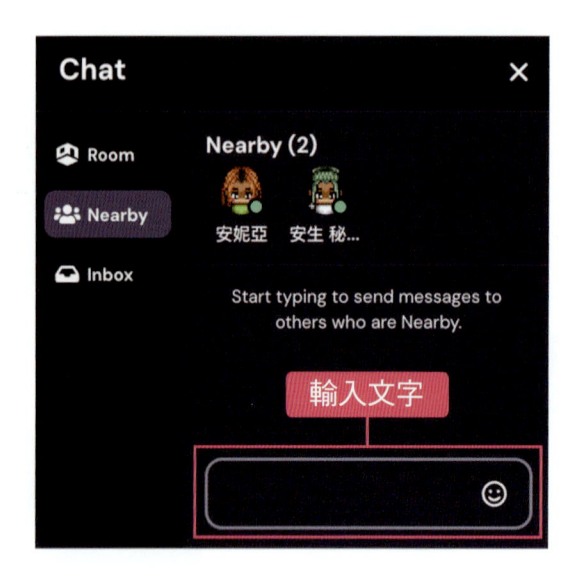

↑ 圖 3-19　傳送聊天訊息

⑿ **參與者列表**：列出所有玩家名單／跟隨者名單，同時可以邀請其他人參與（圖 3-20）。

↑ 圖 3-20　參與者列表

2 邀請【Invite】功能介紹

當想邀請其他角色到您的 Gather Town 空間時,可在【參與者列表】最下方按【Invite】→出現【參與時間設定】,同時產生一個【邀請連結網址】。接下來,可依據您的活動需求來設定,採用以下步驟執行(圖 3-21):

(1) **設定邀請連結網址時間有效性**:在【Invite link will expire after / 邀請連結網址將在以下時間後過期】選擇時間。若您的遊戲空間想區分不同的參與時段 / 場次讓不同的玩家參與,而必須完全將目前虛擬空間所有的遊戲角色(玩家)清場,以便讓下一個時段的玩家加入時,就需要考慮邀請連結網址有效性的時間設定。

(2) **邀請方式**

　① 第一種邀請方式:按【Copy Invite Link】,取得此 Gather Town 空間的完整網址連結,再將此連結以其它社交通訊軟體(如:Line、Messenger)傳送給受邀玩家,玩家點選連結即可直接進入此 Gather Town 空間。

　② 第二種邀請方式:輸入受邀玩家的 Email,傳送內附網址連結的邀請函 Email 給玩家。

↑ 圖 3-21　Invite / 邀請玩家設定

3 跟隨其他人【Follow】功能介紹

　　在 Gather Town 空間中，常常出現玩家因為空間範圍過大而迷路的情形，或多位小組成員需要一起跟隨移動的需求，此時可以在【參與者列表】中尋找其他玩家的角色名稱，在該角色名稱上按【滑鼠左鍵】→出現【角色個人頁面】→按【Follow】，自己的虛擬角色將自動搜尋該玩家角色在 Gather Town 的所在空間位置，並自動移動跟隨該玩家。反之，若按下【Request to Lead】，將發送一則訊息通知該玩家，請對方跟隨自己的虛擬角色。該玩家收到通知訊息，按下【Accept】將自動移動跟隨您的虛擬角色。這功能絕對是迷航的好物啊（圖 3-22）！

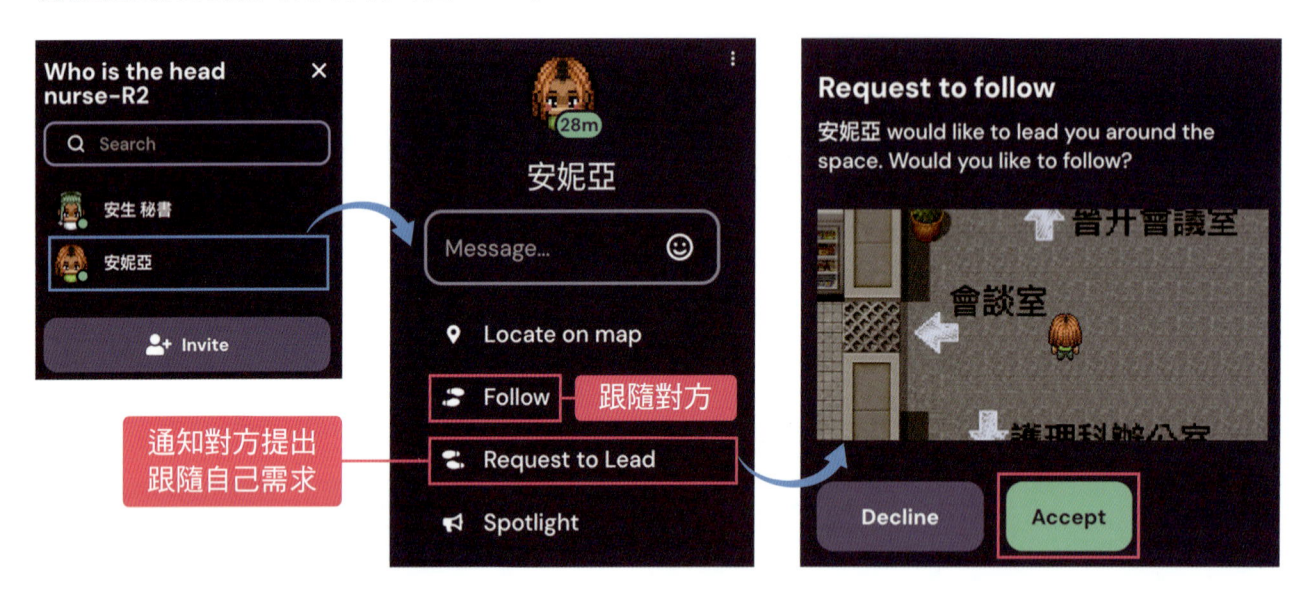

⬆ 圖 3-22　Follow／跟隨其他人設定

4 訊息物件功能介紹

　　Gather Town 的互動方式除了語音、視訊及文字聊天外，也可以透過特別設定的「NPC」或「物件」來傳遞訊息。訊息類型包括：嵌入網站／Embedded website、嵌入圖片／Embedded image、嵌入視頻／Embedded video、外部呼叫／External call、注釋目的說明／Note object。當玩家的虛擬角色移動靠近【訊息物件】到達所設定的「有效距離」時，該物件將**閃爍黃色光圈**→按【X】鍵，即會顯示設定的訊息（圖 3-23）。溫馨小提示，若按【X】鍵無任何反應時，注意鍵盤輸入是否在【中文】模式，一定要在【英數】模式才會有動作喔。

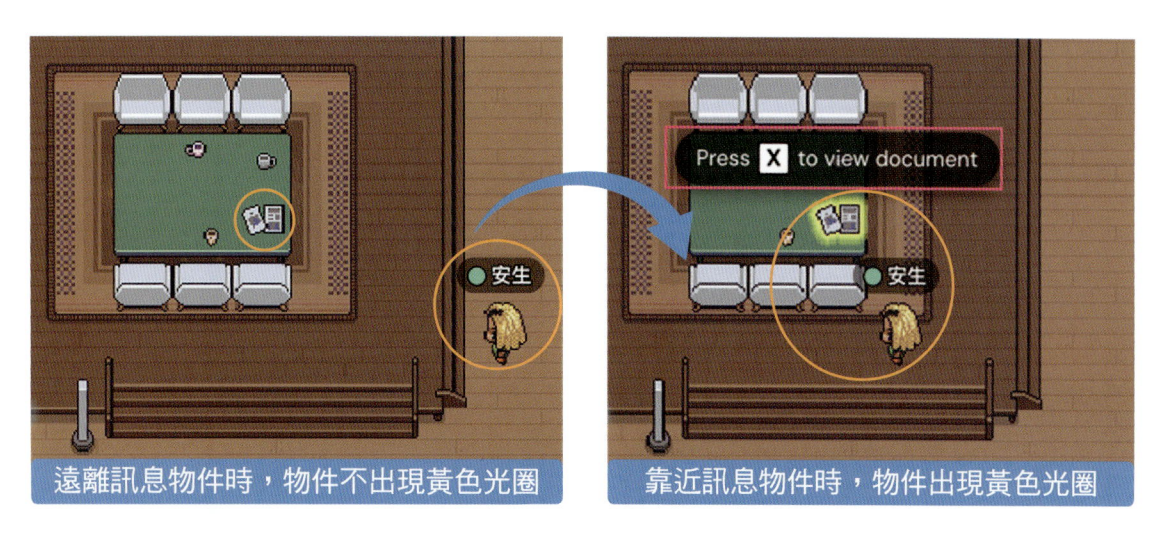

↑ 圖 3-23　可進行互動之具黃色光圈閃爍功能的訊息物件

5 空間模式

在 Gather Town 平台空間中，有兩種空間模式設定：

(1) 公共空間（圖 3-24）

① 在公共空間範圍的參與者皆可聽到所有人的對話內容。

② 當自己的虛擬角色接近其他玩家時，畫面上方將出現該玩家的通訊視窗，此時彼此可以看見對方。

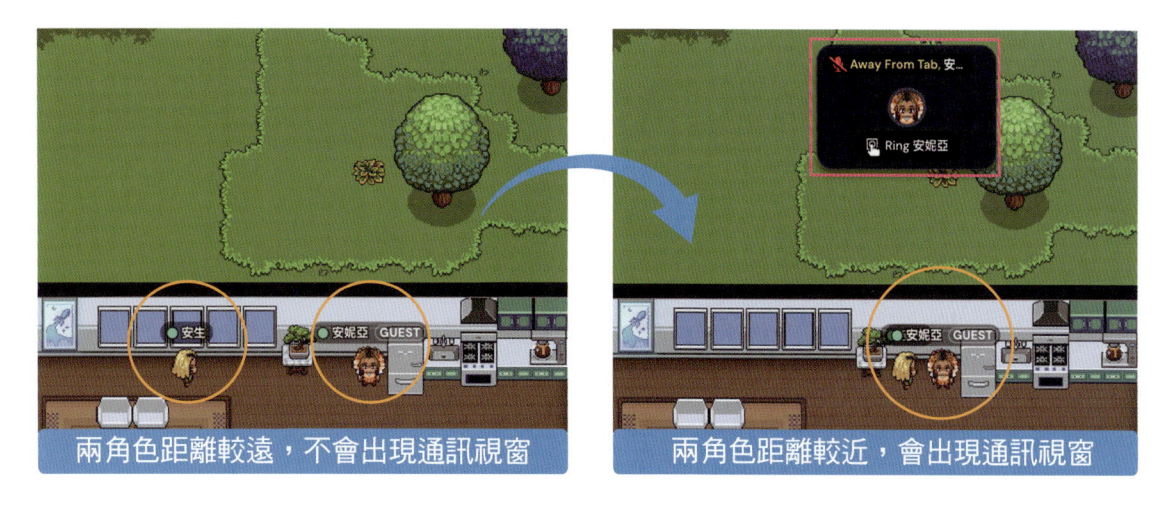

↑ 圖 3-24　空間模式設定－公共空間

(2) 私人空間（圖 3-25）

① 在私人空間範圍上，僅可聽見在此空間上的玩家對話內容。

② 可設定為小組討論空間，不受其他人影響。

③ 當進入私人空間時，視窗下方立即顯示【您已經進入私人空間 / You have entered a private area】訊息。

進入私人空間前　　　　進入私人空間後

You have entered a private area

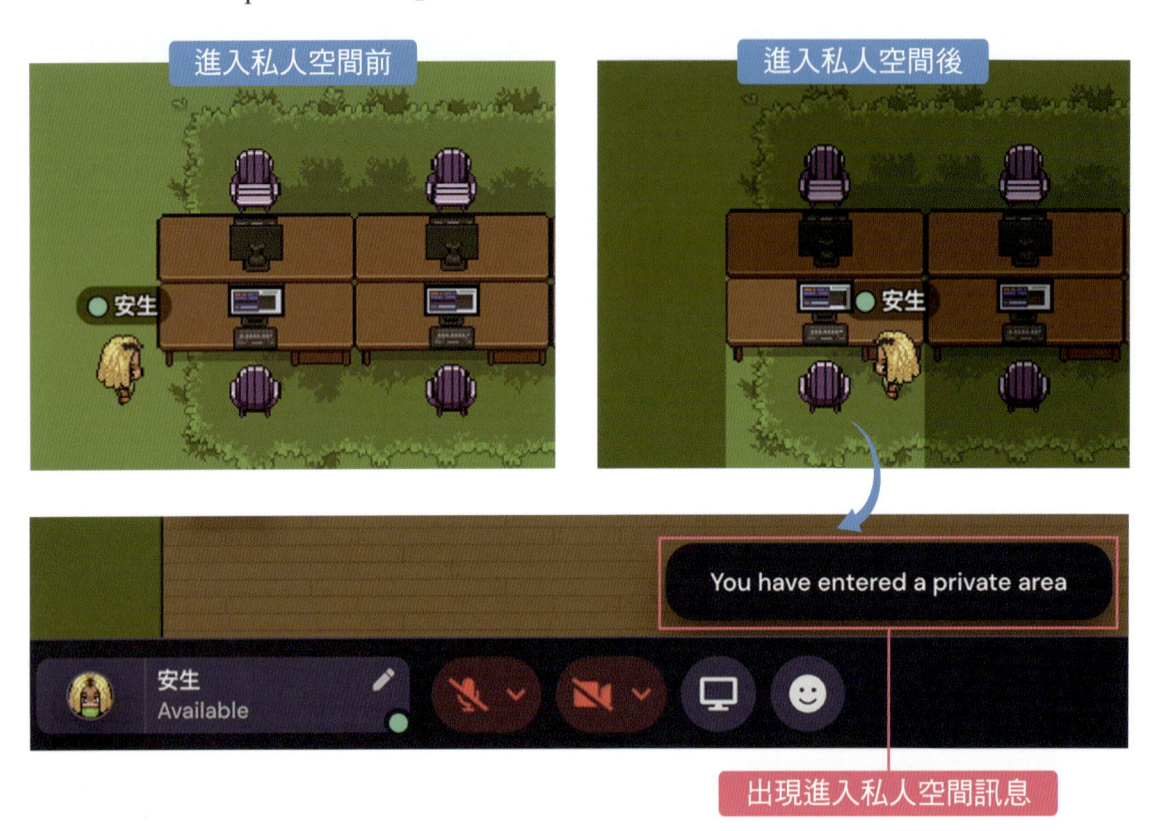

出現進入私人空間訊息

⬆ 圖 3-25　空間模式設定 – 公共空間

3-3 Gather Town 空間場景編輯

介紹完 Gather Town 常用的功能及設定後，本節我們將開始進入 Gather Town 虛擬空間場景的設計與實作介紹。

1 Gather Town 空間場景的設計概念

(1) 提供給玩家探索的遊戲場景空間不宜過大，建議單一場景大約是電腦螢幕解析度的長寬各 2 倍大小以內即可。這樣的設計是為了讓玩家在場景探索時，不管是上下或是左右移動到空間的最邊緣，都可以在電腦螢幕的畫面看到場景的中心位置。如此一來，玩家就容易辨識遊戲場景的相對位置，也就不易在空間中迷失了方位。如果探索的場景空間過大，可能會造成玩家花太多時間在辨識和尋找自己的所在位置，因而模糊了遊戲的學習本質。另外要考量的是，Gather Town 的 NPC 角色在電腦螢幕所呈現的圖像尺寸不會太大，因此場景空間的大小和物件的尺寸設計要有其適當比例與合理性，否則視覺上會顯得很突兀，尤其是室內場景的空間設計，更要注意此點。

(2) 若需要增加探索的樂趣及視覺專注度，可以使用「傳送門」的設計概念（後面章節將會再做詳細介紹），讓虛擬角色從原本所在的空間場景瞬間進入到另一個空間場景。例如：當在辦公室場景的角色走進會議室門口後，則遊戲畫面就會自動切換到角色進入的會議室場景。也就是說，原本的遊戲畫面是辦公室（主場景），下一秒則變成會議室的場景（次場景）（圖 3-26）。反之，當角色走出會議室場景的門就又回到主場景的辦公室。如此一進與一出的傳送門設計可以讓整個遊戲的虛擬空間場景更有**層次感**。不過，建議避免設計過多層次的空間，否則容易造成玩家的空間迷失。

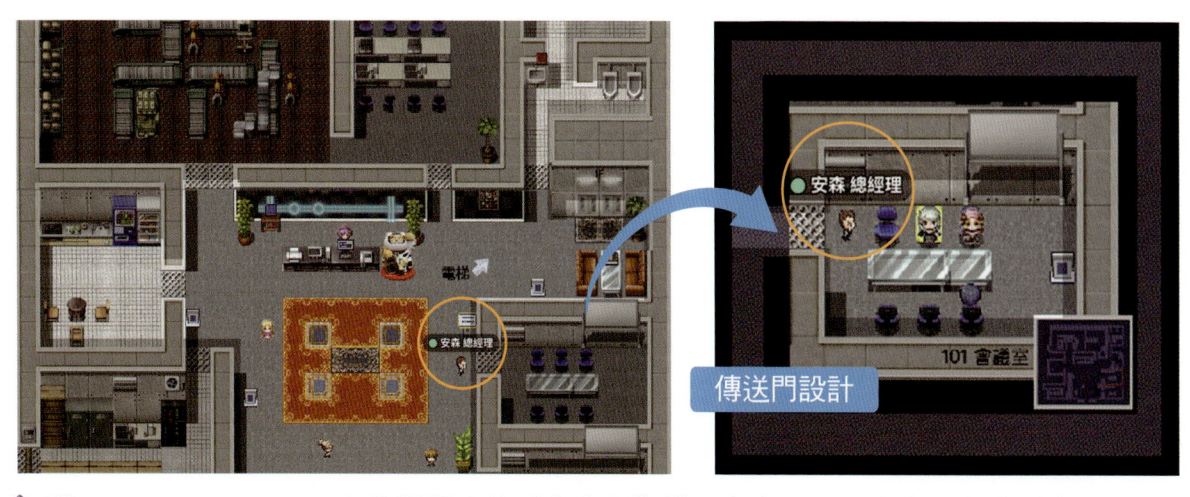

⬆ 圖 3-26　Gather Town 之傳送門功能（左畫面為辦公室主場景，右畫面為會議室次場景）

(3) 在建立一個新的 Gather Town 空間場景前，建議您先對整個遊戲空間場景的環境布局進行規劃，就像是房子裝修前要先進行室內空間的規劃與設計概念一樣。可以在 Gather Town 實作前，先繪製一張遊戲場景空間的布局藍圖（圖 3-27），決定好整個玩家的探索動線與空間物件擺設的位置，在 Gather Town 的製作過程中，就可以避免發生反覆拆除及重新製作的窘境。

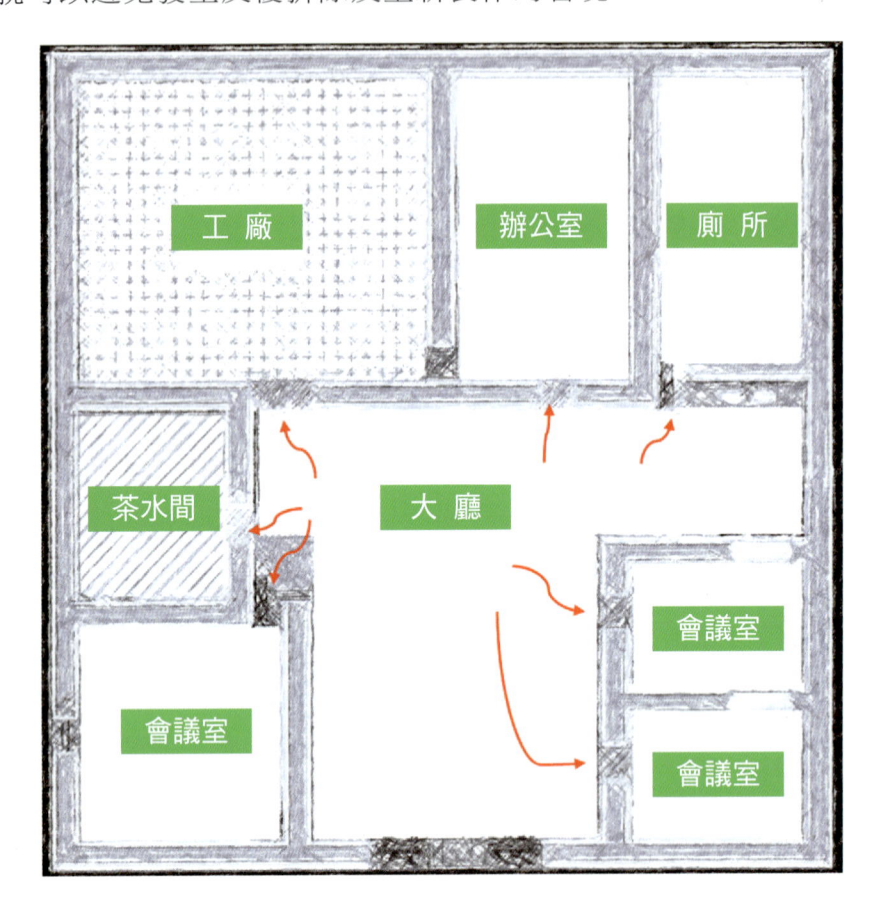

⬆ 圖 3-27　空間場景設計範例藍圖

2 Gather Town 空間場景的設計步驟

有了上述三個主要的設計概念後，接下來我們將分為幾個步驟，介紹如何一步一步來完成一個擬真的遊戲空間場景設計。

Step 1　開始在 Gather Town 創建「空間場景」

首先，可以選擇 Gather Town 內建的空間模板，裡面有許多很棒的官方空間場景都可以直接使用，可以參考這些範例，增加設計靈感。請按下右上角【Create Space】→產生【Advanced templates and setup for experts／空間模板選擇列表】，選擇一個適合自己的空間場景模板。畫面右邊會出現細部選項，我們需要填入這個場景的【Name your space／名稱】（這裡只能填入英文）→下拉【What are you building／用途】，選擇【Education／教育】即可。另外還有一個【Password】選項，建議不要設定，以方便玩家直接進入遊戲。最後按畫面右下角的綠色【Create Space】（圖 3-28），即會出現一個完全建立好空間的「操作頁面」（圖 3-29）。

⬆ 圖 3-28　利用 Gather Town 官方空間模板創建場景

Gather Town 遠距情境式解謎遊戲設計

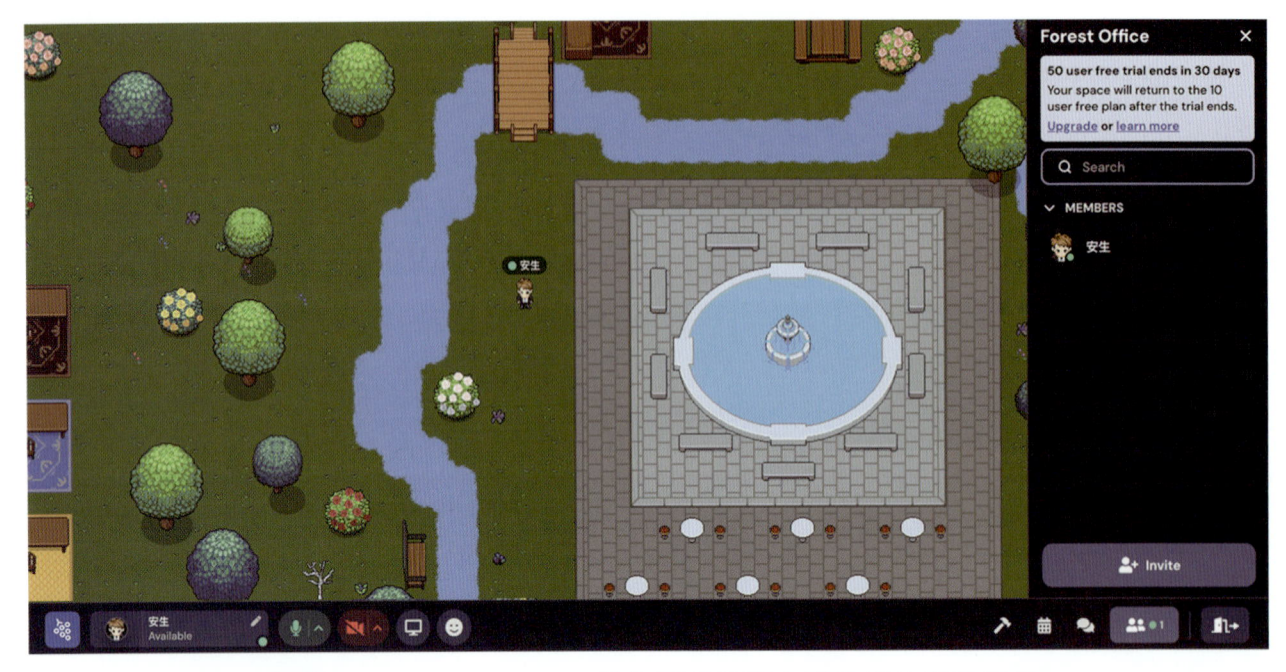

↑ 圖 3-29　Gather Town 操作頁面呈現空間模板的完整場景

若要設計一個完全屬於自己的擬真空間場景，那就需要一個完全空白的空間場景。我們可以選擇建立【Blank】，畫面右邊會出現細部選項，我們需要填入這個場景的【Name your space / 名稱】（這裡只能填入英文）→下拉【What are you building / 用途】，選擇【Education / 教育】即可。另外還有一個【Password】選項，建議不要設定，以方便玩家直接進入遊戲。最後按畫面右下角的綠色【Create Space】（圖 3-30），即會出現一個黑色空間的「**操作頁面**」（圖 3-31）。

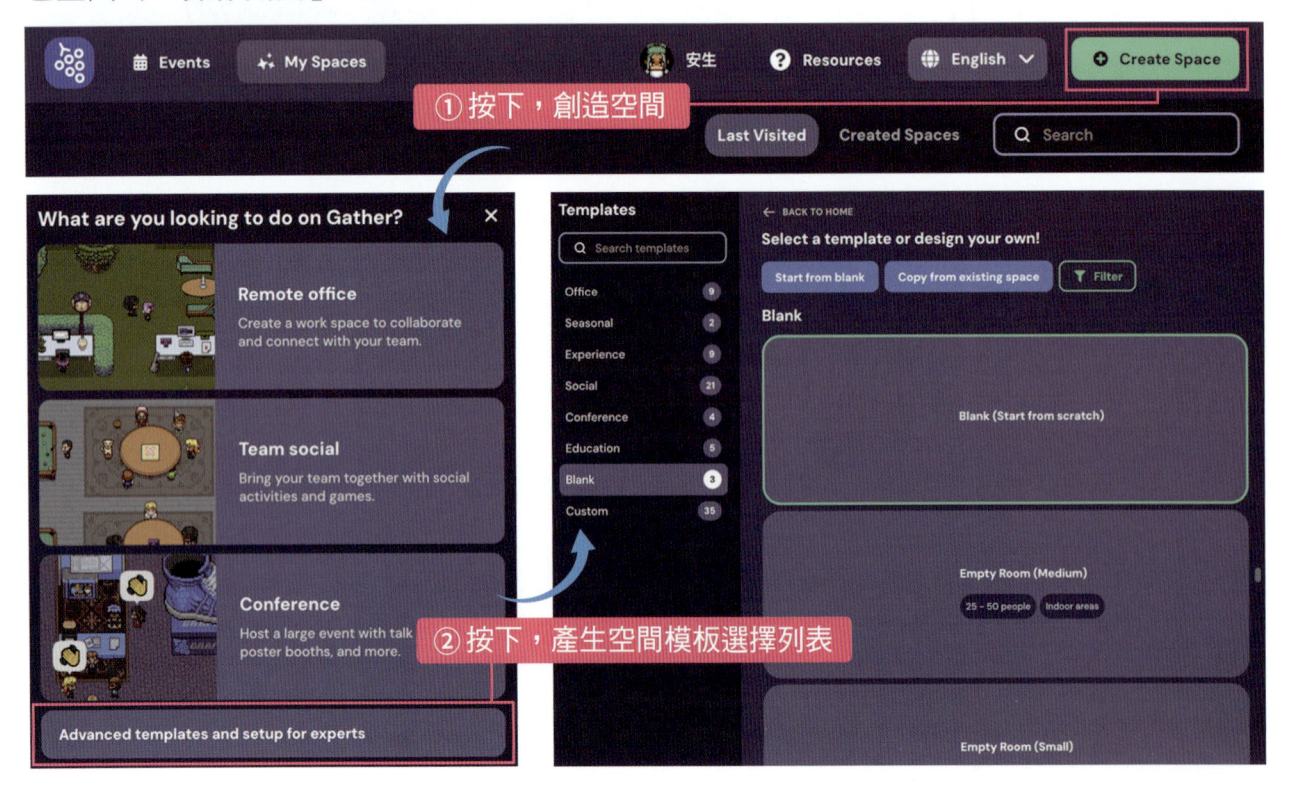

↑ 圖 3-30　Gather Town 創建空白空間場景

66

↑ 圖 3-30　Gather Town 創建空白空間場景（續）

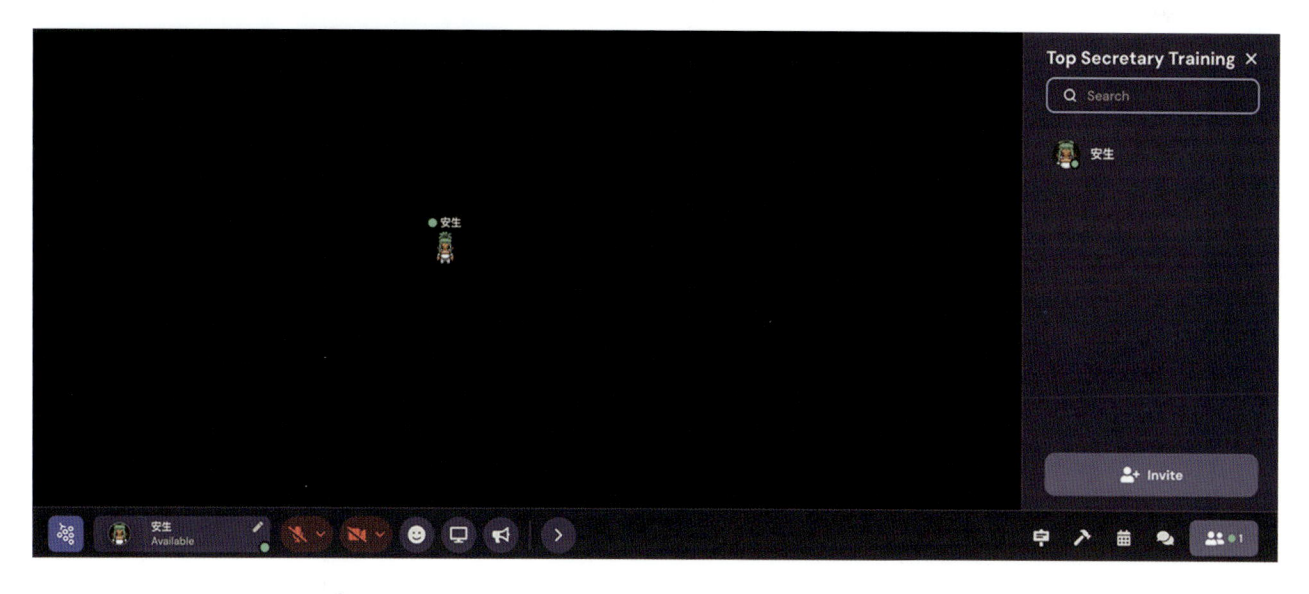

↑ 圖 3-31　Gather Town 空白空間場景的操作頁面

Step 2　設定「地圖編輯頁面」

　　Gather Town 的「操作頁面」與**「地圖編輯頁面」**是兩個不同的實作頁面。我們要先在「地圖編輯頁面」完成所有設定，儲存更新後才能在「操作頁面」看到完整的空間顯示。如何從「操作頁面」進到「地圖編輯頁面」呢？按一下操作頁面右下方的【榔頭】圖示（榔頭即工具之意）→出現【創建空間工具列】→按下【Edit in Mapmaker】，將會跳出「地圖編輯頁面」（圖 3-32）。方格白底區域就是建構空間的「圖紙」，每一個方格為 32x32 畫素（Pixels）。

另外,「圖紙」左上方有一個綠色方格,其座標為 X0, Y0,此座標即代表**「起始原點」**(畫面右下角可以看到顯示的座標數字)。若以這個綠色方格為中心點,畫一個水平與垂直相交的十字線可以將「圖紙」分隔為四大區段,則我們可以設計的範圍只能在往右(X 為正)和往下(Y 為正)的區段,其他三個區段,遊戲角色將無法移動。為何角色無法移動呢?答案很簡單,因為沒有**「地板」**,所以我們要先來鋪設「地板」,讓角色不再寸步難行。

⬆ 圖 3-32　Gather Town 地圖編輯頁面

Step 3 鋪設空間場景的「地板」與「牆壁」

「地圖編輯頁面」的設計操作鍵使用(圖 3-33):

① Select:選擇物件。
② Stamp:複製物件。
③ Eraser:移除物件。
④ Hand:當「地圖編輯頁面」太大時,按下此按鍵可以直接用滑鼠拖曳整個畫面。
⑤ Box Select:可一次複製所框選的多個物件。

在鋪設「地板」前,我們要先打開 Gather Town 隱藏功能—【Walls & Floors/BETA】。請注意!此步驟是在「操作頁面」設定,不是在「地圖編輯頁面」喔。請先在「操作頁面」左下方按【葡萄】圖示→出現【功能表】後按【Settings】,此時會出現【設定表】→選擇【Space】→將【Beta Features】打開。這時候會回到「地圖編輯頁面」,您將看到增加的【Walls & Floors/BETA】按鈕(圖 3-34)。

第 3 章　Gather Town 虛擬空間設計

- Select / 選擇物件
- Stamp / 複製物件
- Eraser / 消除物件
- Hand / 可移動整個畫面
- Box Select / 一次框選多個物件

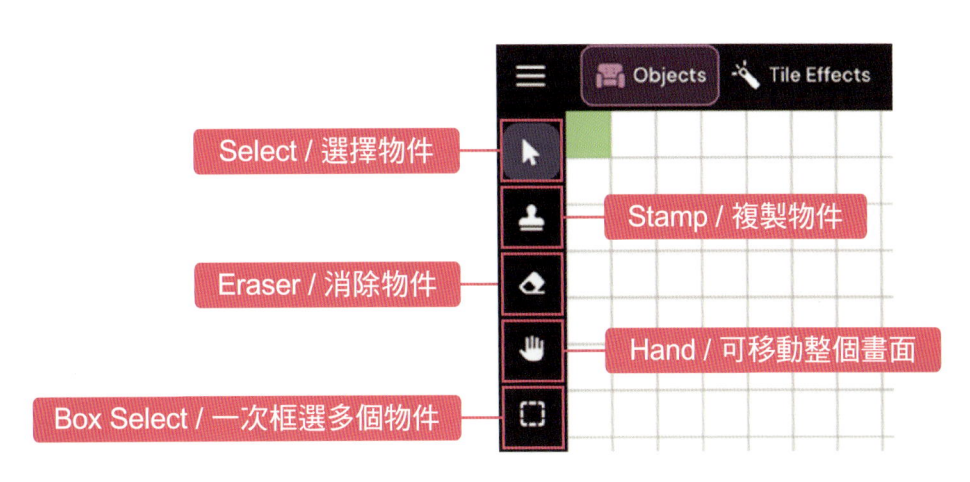

⬆ 圖 3-33　地圖編輯頁面的設計操作鍵使用說明

① 在操作頁面左下方，按下【葡萄】圖示後，出現功能表

② 按下【Settings】，出現設定表

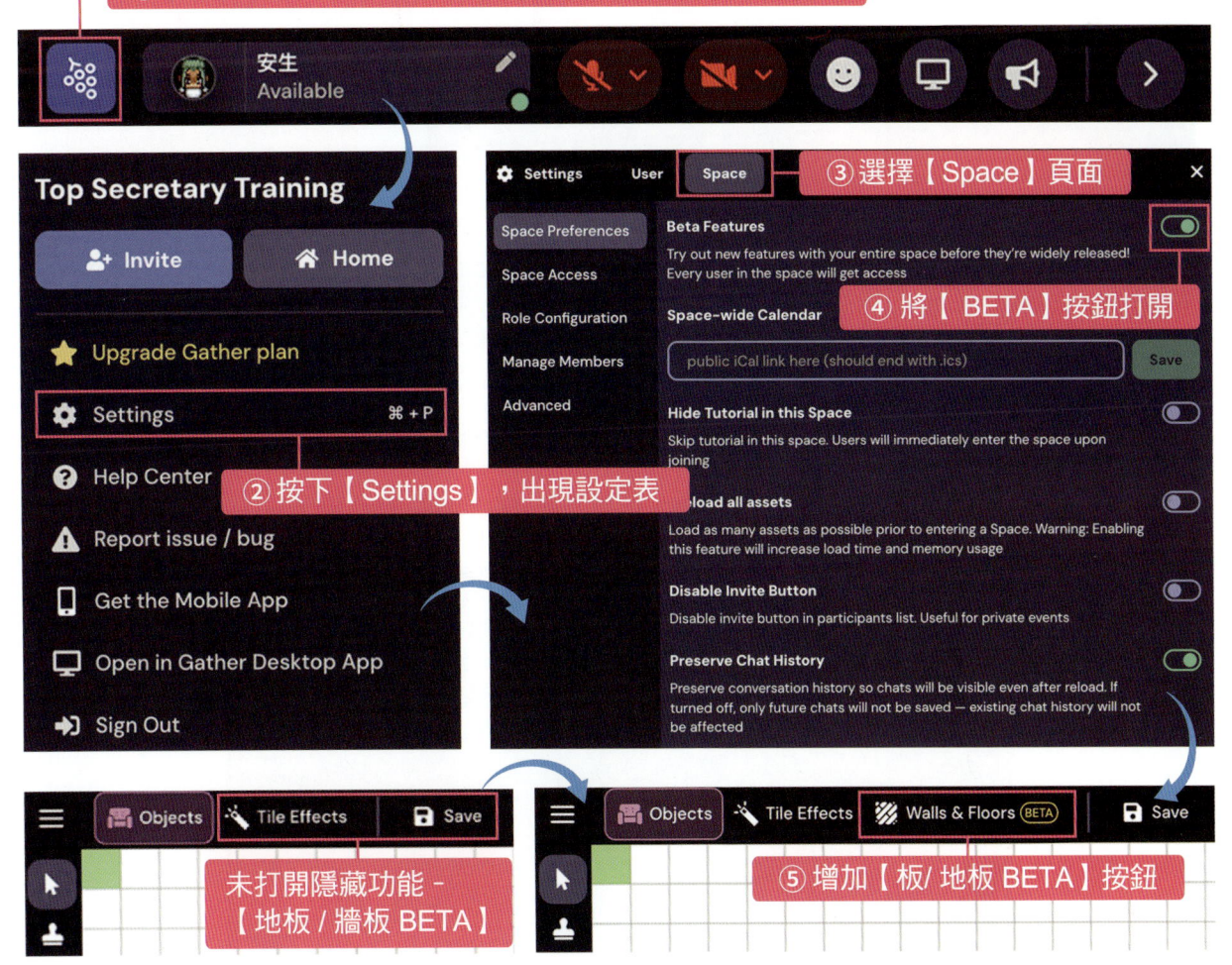

③ 選擇【Space】頁面

④ 將【BETA】按鈕打開

未打開隱藏功能 -【地板 / 牆板 BETA】

⑤ 增加【板 / 地板 BETA】按鈕

⬆ 圖 3-34　打開 Gather Town 隱藏功能 Walls & Floors/BETA

69

在 Gather Town 鋪設「地板」有以下兩種方法：

①可以自行在繪圖編輯軟體設計一張遊戲場景背景的圖片（請注意圖片的解析度），再利用【Upload Background】功能將這張圖片新增到「地圖編輯頁面」（圖 3-35、圖 3-36）。

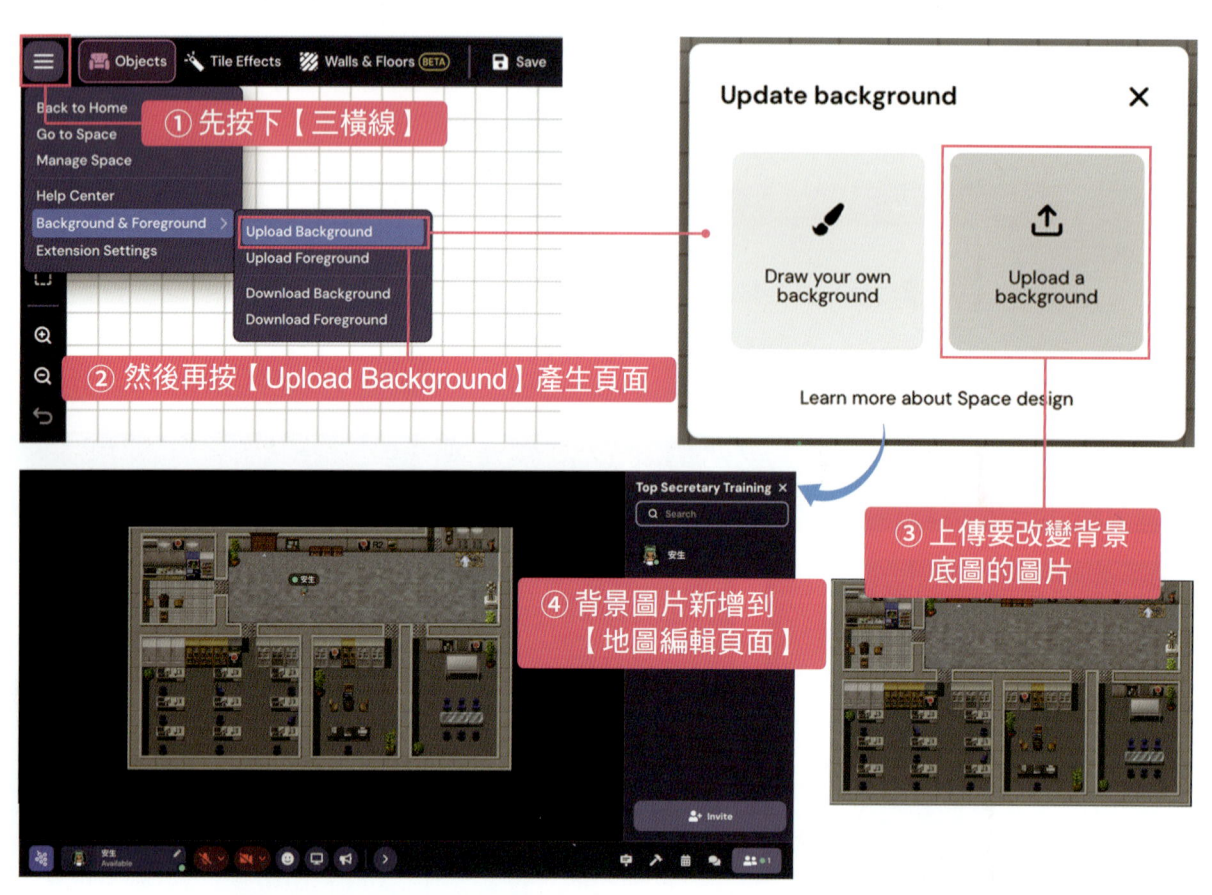

⬆ 圖 3-35　Gather Town 鋪設地板方法 – 上傳背景圖片

⬆ 圖 3-36　上傳背景圖片成功顯示畫面

②利用 Gather Town 的【Walls & Floors 模板】來建構（本書較建議採用此方法）。按【Walls & Floors/BETA】→【Floors】→選擇想要的地板樣式→長按滑鼠左鍵將此「地板」拖曳到「圖紙」上需要的位置（如圖 3-37 綠色小格子）。您一定會覺得一次鋪設一小格「地板」有點慢，如果是要鋪設較大區域，可否有更快速的方法？當然是有的，請點選「地板」→長按滑鼠左鍵不放→在「圖紙」上用拖曳方式連續完成，完成後放開滑鼠左鍵即可。當「地圖編輯頁面」設計完畢後，記得按【Done】→【Save】，「操作頁面」才會顯示更新結果。

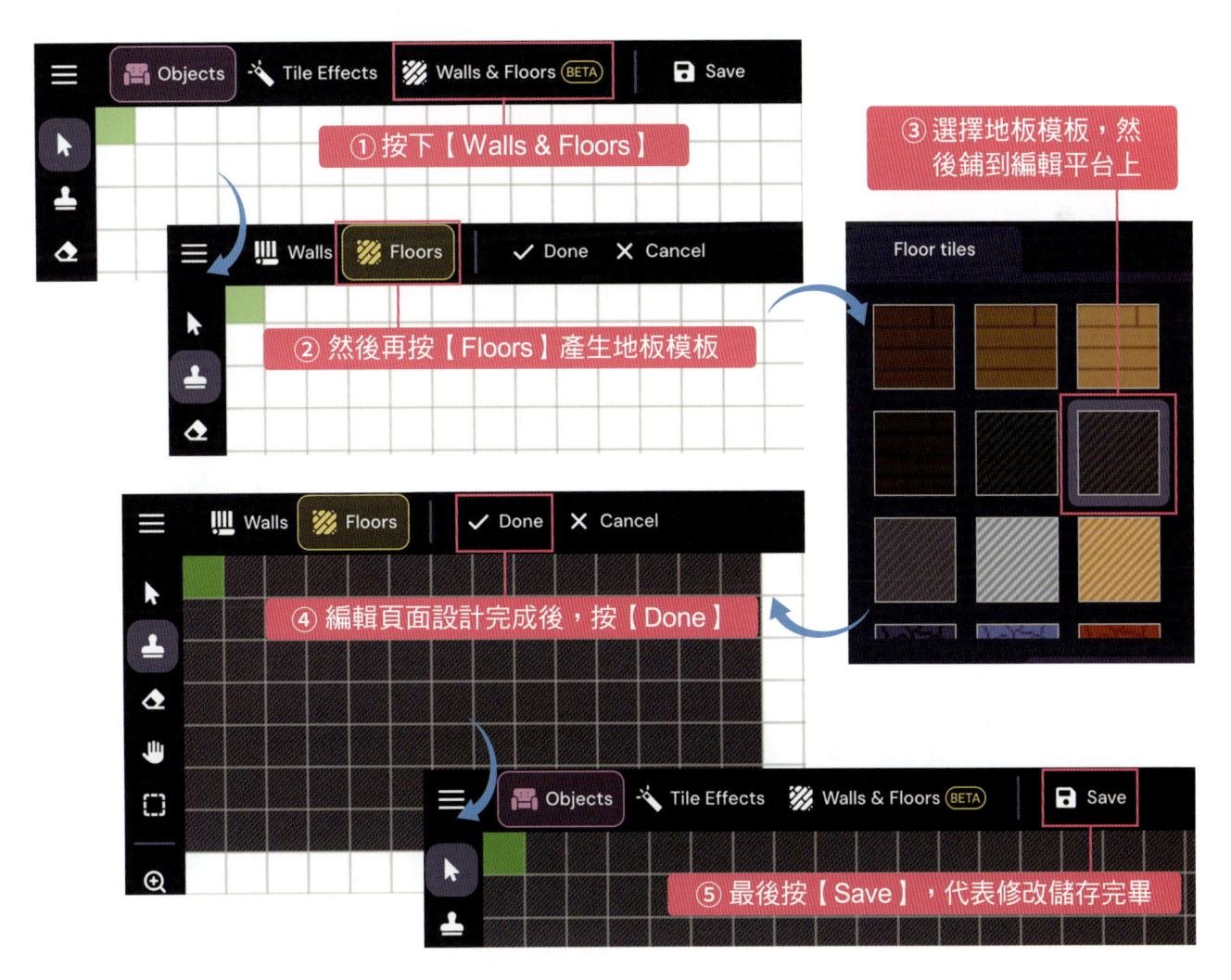

⬆ 圖 3-37　Gather Town 鋪設地板方法 – 使用內建模板建構

若您想更換「地板」的樣式,可選擇其他模板,直接拖曳覆蓋原本的「地板」即可。如果想刪除「地板」,可在「地圖編輯頁面」左側上點選【Eraser / 橡皮擦】,再點選要消除的模板「地板」即可。確定後按【Done】→【Save】,「操作頁面」才會顯示更新結果。我們趕緊回到「操作頁面」看一下設計成果吧(圖3-38)!

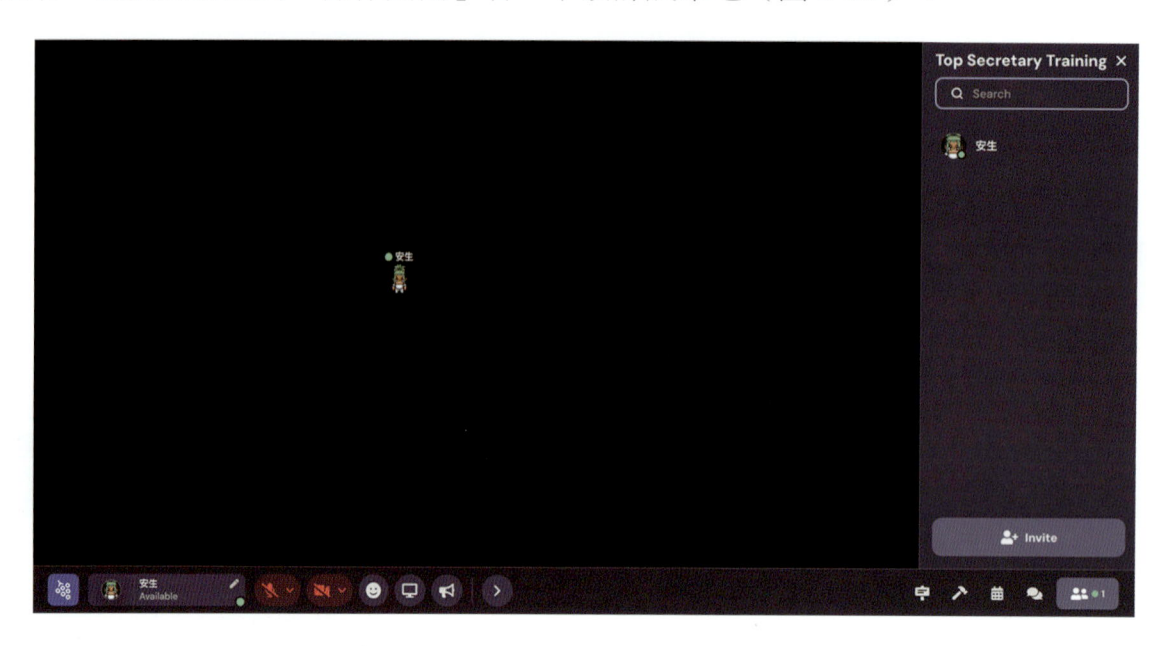

⬆ 圖 3-38　完成地板鋪設顯示畫面

可以試著依照「圖3-27 空間場景設計範例藍圖」在「地圖編輯頁面」鋪設「地板」。鋪好空間場景的「地板」後,接下來則是要鋪設「牆壁」,建議先選擇一種顏色鋪設好整個場景主空間的「地板」,再選擇另一種顏色來鋪設在主空間「地板」上的「牆壁」(如圖3-39所示淺灰色的長條線),設計出隔間的效果。

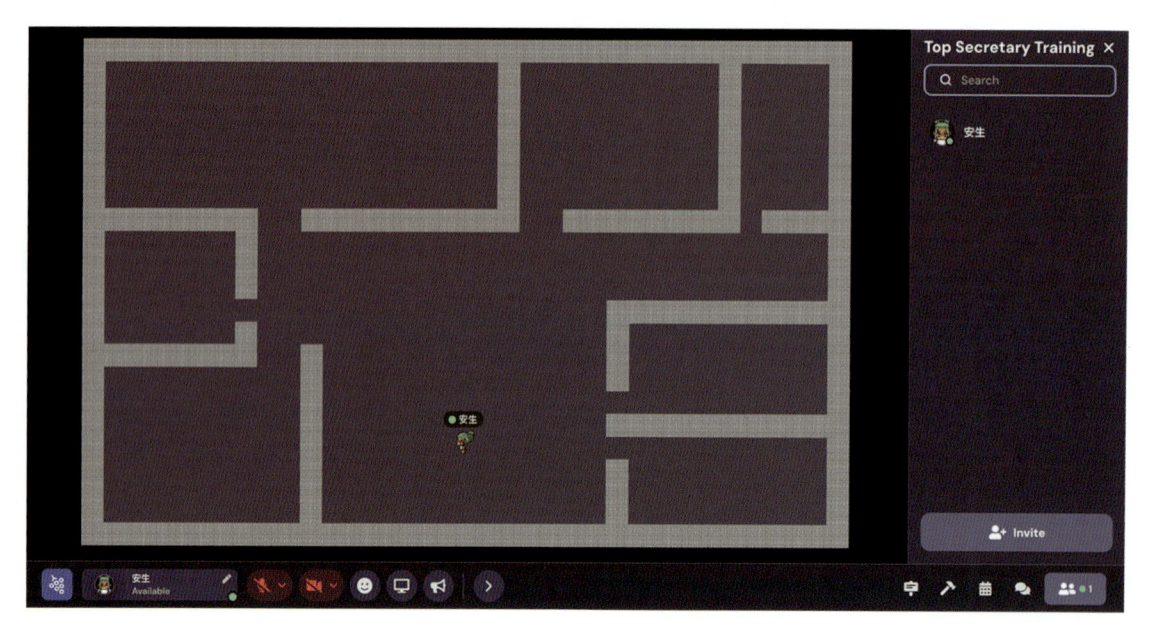

⬆ 圖 3-39　完成圖 3-27 空間場景設計範例藍圖地板與牆壁鋪設顯示畫面

Step 4 隔間／牆壁貼上「牆板」

若覺得「圖 3-39 設計範例藍圖」這樣的隔間／牆壁過於枯燥，這時候可以選擇想要的牆板顏色及樣式，在鋪設好的「牆壁」貼上「牆板」來進行美化。「牆板」的編輯作法很簡單，先打開牆板模板，再依各個隔間想要的風格選擇牆板樣式，並貼在每個隔間的四周，空間場景就會產生華麗的牆面。點選【Walls & Floors/BATE】→【Walls】，鋪設方法同「地板」操作（圖 3-40）。

⬆ 圖 3-40　在 Gather Town 鋪設牆板

Step 5 建立「新房間」

使用「牆板」功能可以將場景主空間隔成多個小空間（如：會議室、主管辦公室等），如果想要讓遊戲空間在活動過程中有「換場景」的感覺，就要再多建立這些小空間的空間場景，也就是建立「新房間」。首先，在「地圖編輯頁面」右方選擇【Rooms】→點選【Create a new room】建立新房間→輸入【新房間名稱】→按【Enter】，就會出現一個選擇畫面，因為我們是要依據自己的遊戲劇本設計場景的空間布局，所以選擇【Create a blank room】，產生一個全新空白的「圖紙」（圖 3-41）。

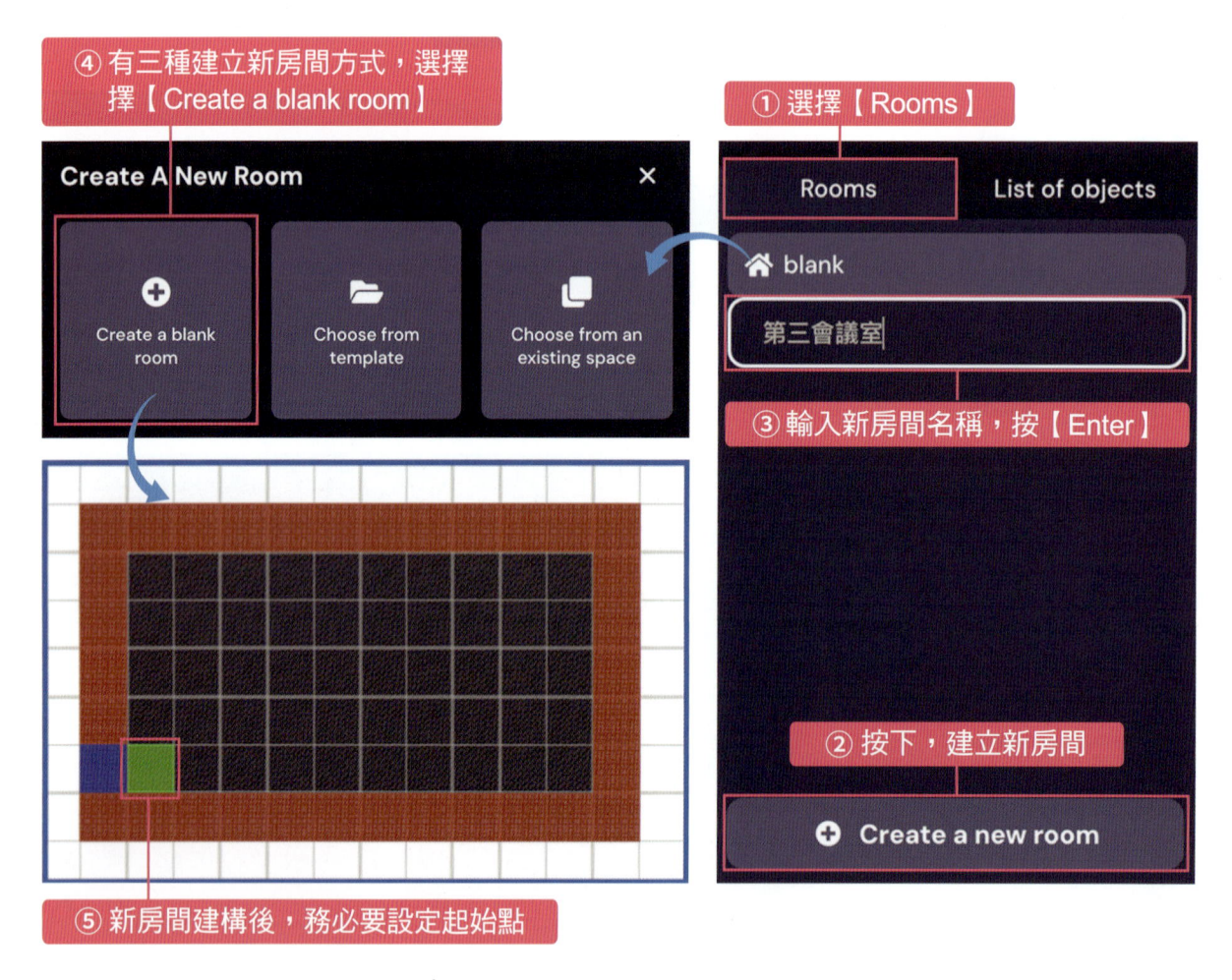

⬆ 圖 3-41 建立新房間的圖紙

接著我們必須設定遊戲角色在這個「新房間」的「起始位置」（即**起始方格**），也就是當角色傳送（進入）到「新房間」時一開始會出現的位置。而這時候我們會發現，當您操作遊戲角色在場景空間行走時，角色竟然會**穿牆術**，這是因為我們還沒將隔間的「牆板」加上「隔離」效果。因此，我們現在要先解決這兩個問題。

第 3 章　Gather Town 虛擬空間設計

- **打開【Tile Effects / 方格效果】→出現【Tile Effects / 方格效果功能表】**

　　Gather Town 的「地圖編輯頁面」是以**「方格」**形式來組合，「方格」是整個設計畫面的最小單位（32x32 Pixels），只有在「地圖編輯頁面」才看得到「方格」，當切換到「操作頁面」時是看不到這些「方格」的。我們可以在「方格」設定一些效果，主要是讓某些空間區域或物件擁有特殊效果，可以讓情境解謎遊戲空間場景及操作感更加豐富與擬真。在【Tile Effects / 方格效果功能表】上點選需要的【方格效果】圖示→拖曳到要設計效果的「方格」位置上→【Save】即可。以下介紹我們在情境解謎遊戲空間場景設計中，常用到的一些方格效果（圖 3-42）。

方格效果功能表

Tile Effects

- **Impassable**　people can't walk through these tiles
  - 阻隔方格，在方格中貼上此阻隔功能，則角色將無法穿越此方格

- **Spawn**　indicate where people start when joining a space
  - 起始方格，進入本遊戲空間的起始點

- **Portal**　teleport people to other rooms or spaces
  - 傳送門，踏到此方格會將角色傳送到其他房間或空間

- **Private Area**　only people in the same tile ids can connect with each other
  - 私人區域，在此區域內的角色才能相互通話

- **Spotlight**　stand here to be heard and seen by everyone in the Room, up to 100 people. Warning: Will not work for more than 100 people
  - 聚光燈方格，站在此方格上，房間內的每一個角色都能看見及聽見

⬆ 圖 3-42　Tile Effects / 方格效果功能表

- **Impassable / 阻隔方格**

主要效果是讓角色無法穿越的方格區域。例如：牆壁、實體物件（樹木、桌椅、裝飾品等）、特殊區域（河流、水池等）。建議先將所有場景空間的物件擺設全部完成後，再一起放上「阻隔方格」，才不會造成路障問題，使得角色無法通行（圖 3-43）。

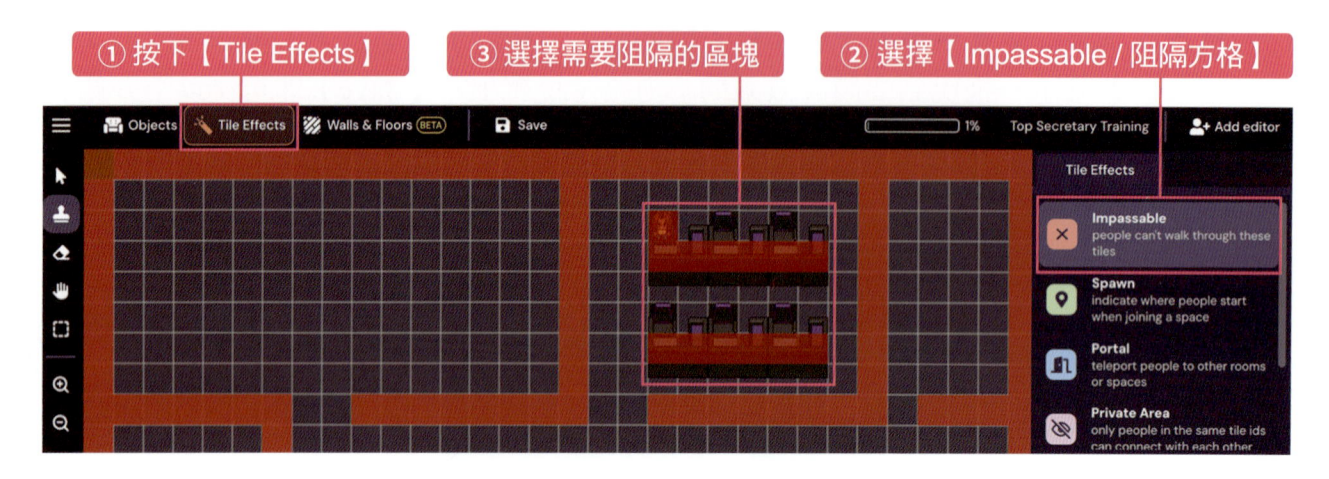

↑ 圖 3-43　Impassable / 阻隔方格設定

- **Spawn / 起始方格**

設定進入本遊戲時角色的起始點。點選【Spawn】→點選要做為「起始方格」的「方格」位置。若在空間迷路，也可以使用【控制操作列】→【Respawn】回到此起始點。

- **Portal / 傳送門**

當遊戲角色移動到特定的「方格」時，會將角色傳送到指定的空間。「傳送門」設定可以讓整個遊戲空間有**場景變化感**。首先，點選【Portal】，會看見一個藍色方格跟著滑鼠游標移動，將藍色方格移動到「傳送門」入口位置→點擊滑鼠左鍵，出現【Pick portal type】→選擇【Portal to a room / 傳送到房間】→【Portal room to portal to】選擇要傳送到的房間名稱→出現新房間的頁面與顯示一個藍色方格→將藍色方格放置於新房間的「傳送門」出口位置→【Save】（圖 3-44），這樣就設定好一個「單向傳送門」了。不過角色能傳送過去新房間，也要能傳送回原本的房間，所以需要在新房間再設定一個「傳送門」回到原來的空間，設定方法如前所述，再做一遍即可。

第 3 章　Gather Town 虛擬空間設計

③ 選擇欲前往的空間（房間）

② 按著滑鼠左鍵，將藍色方格移動到傳送門入口位置

④ 選擇傳送到的房間名稱

① 滑鼠左鍵點一下【Portal／傳送門】

⑤ 選擇傳送門出口位置

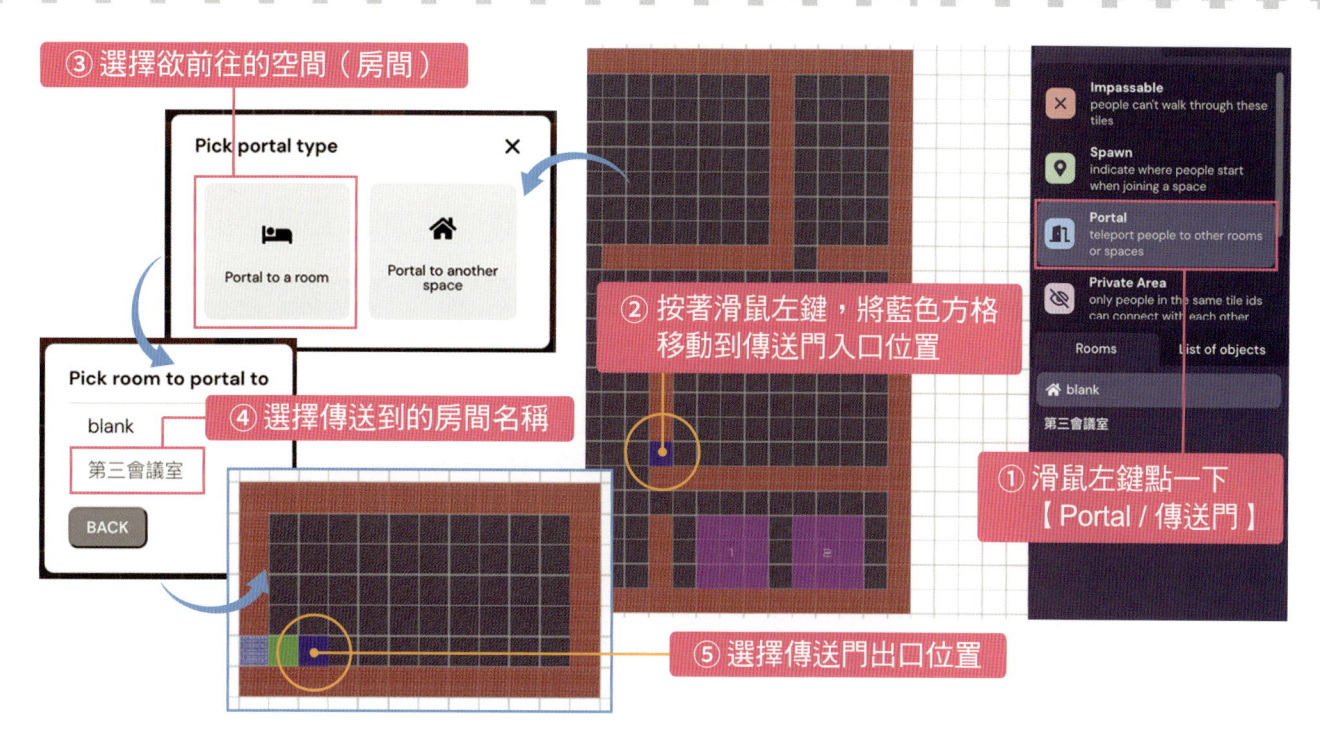

⬆ 圖 3-44　Portal／傳送門的入口與出口

• **Private Area／私人區域方格**

當一個大空間有眾多的遊戲角色在遊玩時，小空間「私人區域方格」可以讓同個小組／團隊的玩家，各自在所處的私人小空間進行解謎討論，而不會被其他玩家聽到。首先點選【Private Area】→輸入【Private Area name／名稱】→輸入這個私人區域的【Max occupancy／人數設定】→接下來再用滑鼠圈選【方格的位置與範圍】→【Save】（圖 3-45），我們可以看到不同的私人區域都有不同的角色聚在一起。回到「操作頁面」檢查看看，當遊戲角色走到「私人區域方格」時就會看到這個私人區域範圍是光亮的，其他四周則變暗。

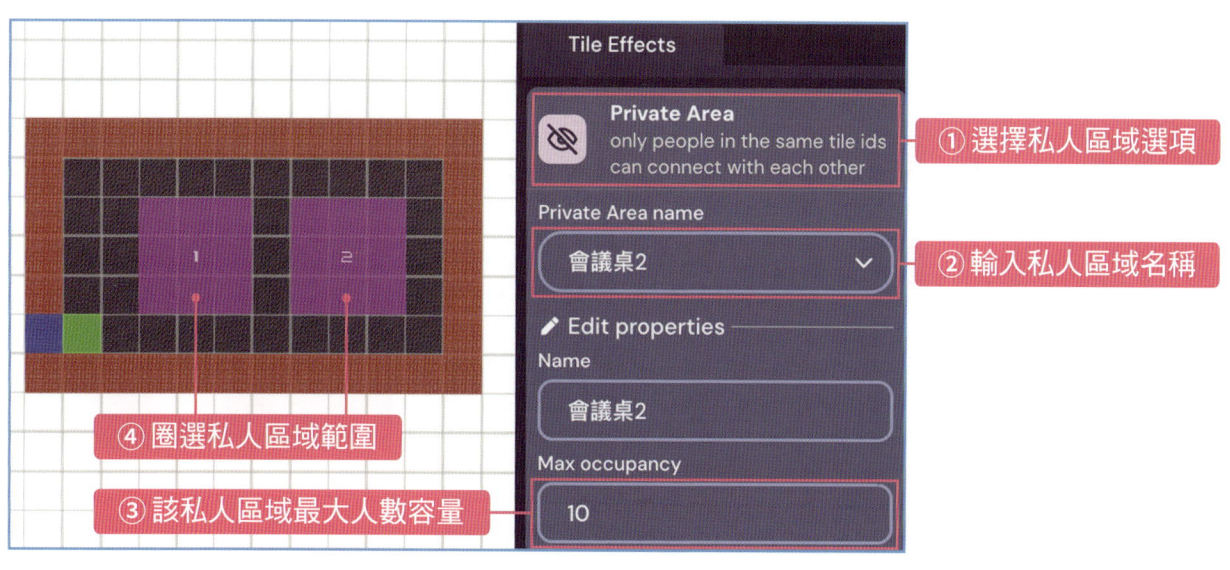

① 選擇私人區域選項

② 輸入私人區域名稱

④ 圈選私人區域範圍

③ 該私人區域最大人數容量

⬆ 圖 3-45　Private Area／私人區域方格設定

- **Spotlight / 聚光燈方格**

　　當有事情要宣布,直接站在這個「方格」位置說話,此空間的所有玩家都可以看見及聽到,不受距離限制。但要注意此功能有一個限制,宣布的人數不可以超過 100 人。在【方格效果功能表】上選擇【Spotlight】→放置到需要聚光燈的「方格」位置即可(圖 3-46)。

⬆ 圖 3-46　Spotlight / 聚光燈方格

Step 6 增加場景空間的「擬真度」

　　當我們將整個遊戲空間的格局與功能設定好後,即可開始對空間環境加上傢俱、擺飾品等各式各樣的物件,以增加場景空間的擬真度。點選【More Objects / 更多物件】→出現【Objects / 物件分類表】→【選擇物件】→【Select / 物件選定】(圖 3-47)。

⬆ 圖 3-47　空間物件的選擇

第 3 章　Gather Town 虛擬空間設計

　　這時候會回到「地圖編輯頁面」，視窗右邊【Object details】會顯示該物件的顏色、展視角度供您選擇，接著在「地圖編輯頁面」擺放您需要的物件。要注意的是，物件擺放愈多時，可能會發生同一方格有兩個**物件重疊**的現象（如下圖白色方框所示，「人被辦公椅擋住」了）。這時我們應該要改變**物件圖層**的上下位置關係，可在【List of objects】移動物件上下的排序就可以解決啦！如此，我們就可以看到遊戲角色是坐在辦公椅上了（圖 3-48）。

⑦ 點選NPC與物件上下圖層位置（白框處）　　⑥ 物件擺放　　⑤ 選擇物件的顏色、展現角度

⑨ NPC移至最上層

呈現圖層上下位置關係

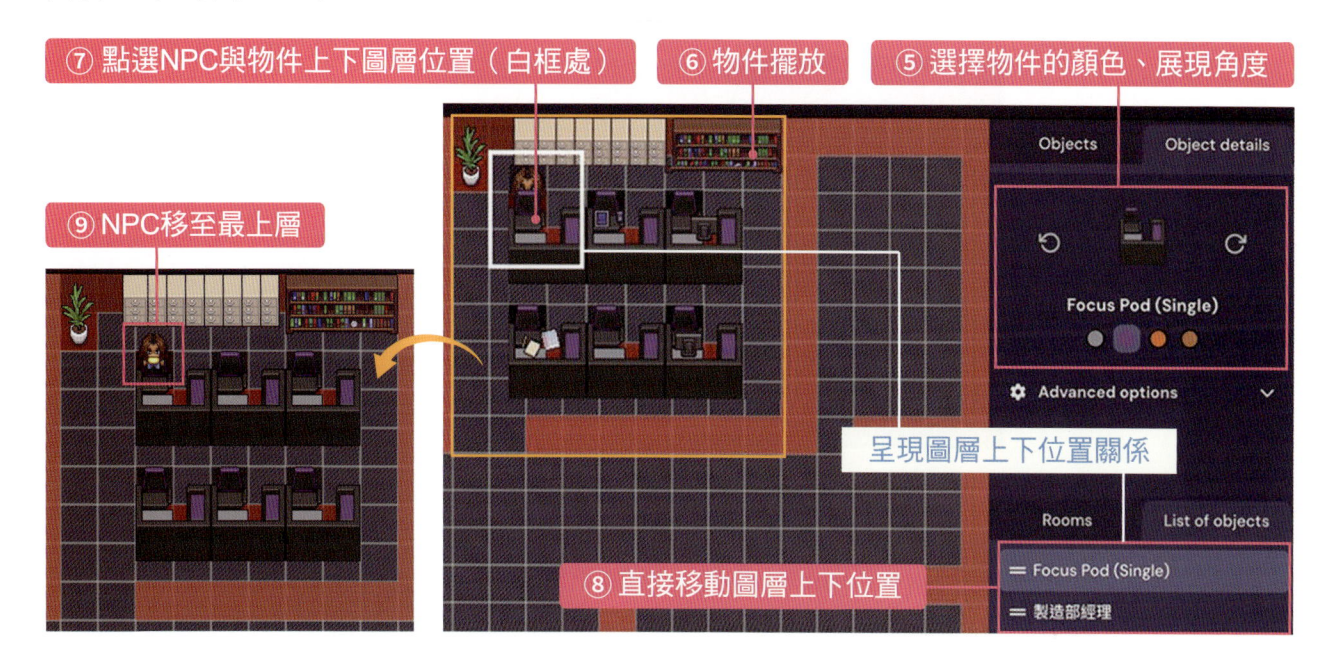

⑧ 直接移動圖層上下位置

⬆ 圖 3-48　空間物件的擺放與物件圖層的排序

　　將以上的設計動作都儲存【Save】後，切換到「操作頁面」，就可以測試一下遊戲角色在空間中行走是否都合理順暢（如：角色穿牆術、物件重疊現象等）（圖 3-49）。

⬆ 圖 3-49　回到操作頁面測試物件擺放的結果

79

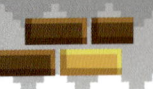

Step 7 將圖片進行「去背」處理

目前的角色或物件都是官方提供的圖片，但您可能會想用符合遊戲風格或自己設計的圖片，遊戲角色的圖像風格常是玩家很在意的點。我們最直接想到的方法就是上網搜尋，然而找到的圖片幾乎都不是「去背」圖片，直接套用在 Gather Town 並不好看。這裡介紹一個超好用又不用花錢的方法，可以使用 PowerPoint 來處理！首先在 Gather Town 設計心目中的遊戲角色樣貌，然後「截圖」，這時是有「背景」的圖片（圖 3-50）。

⬆ 圖 3-50　在 Gather Town 設計角色的樣貌

接下來將圖片放進 PowerPoint 做編輯。先點選【圖片格式】→【背景移除】→【標示要保留/移除的區域】，接著滑鼠點選圖片的色彩區域做「去背」處理→完成後【剪裁】圖像，盡量把圖片多餘的邊剪裁乾淨→勾選【等比例調整尺寸】來調整圖像的大小→【另存成圖片】→存成【.png 檔】就完成了（圖 3-51）。

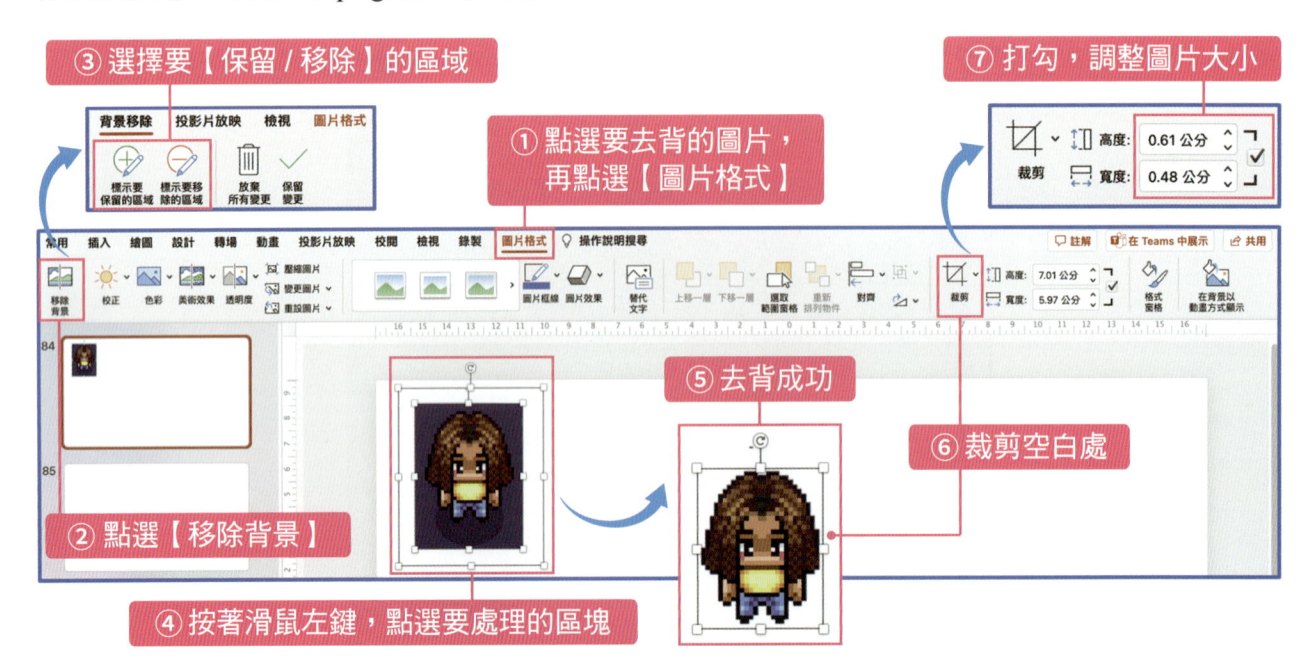

⬆ 圖 3-51　在 Power Point 將角色圖片進行去背處理

第 3 章　Gather Town 虛擬空間設計

本書建議角色的尺寸為「高度」0.6～0.7 公分之間。如此一來，當這個遊戲角色放進 Gather Town 後，和場景的其他角色和物件的圖像尺寸會較為相似（圖 3-52）。

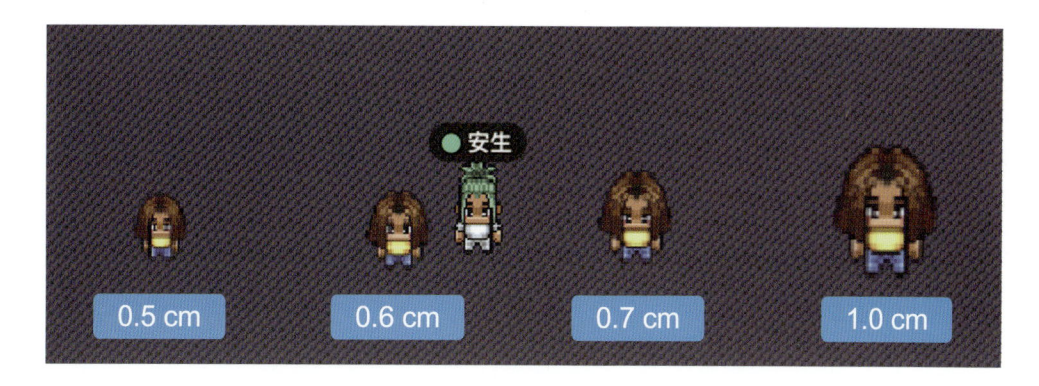

↑ 圖 3-52　Gather Town 角色建議尺寸

接下來，我們要將這個新設計的角色擺放至 Gather Town。在【Objects／物件分類表】最下方按【Upload New】上傳一個新的物件→點選【Drag image】→選擇要上傳的圖片檔（圖 3-53）。

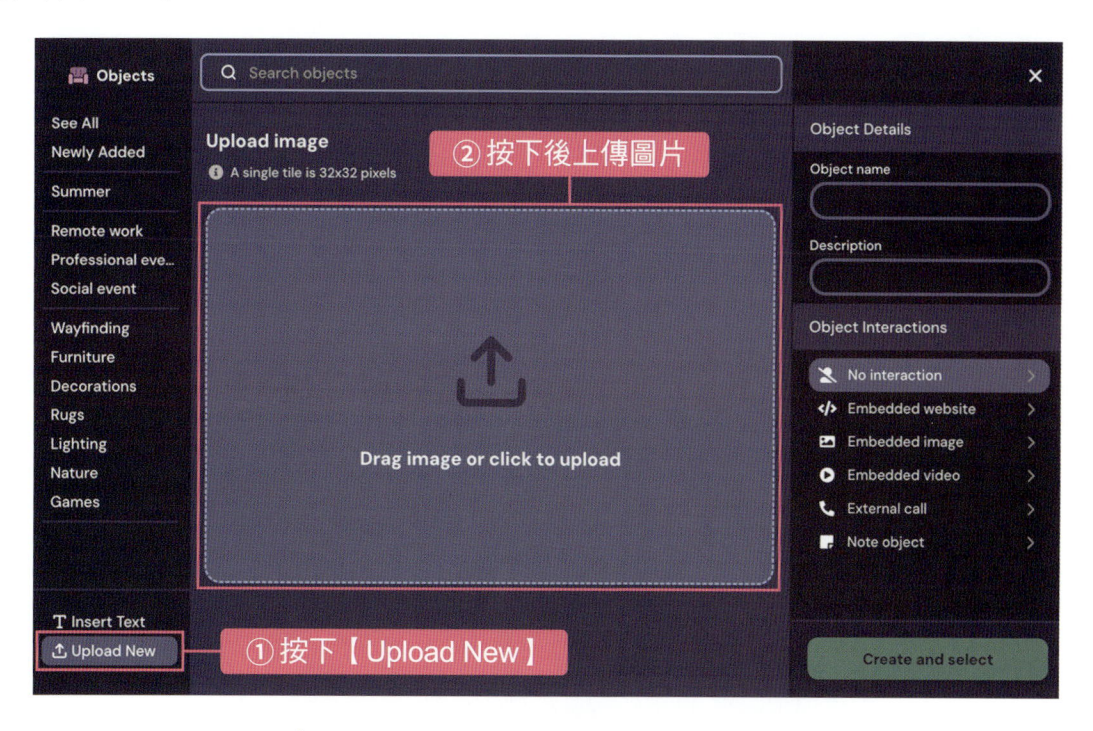

↑ 圖 3-53　上傳自創角色或物件的圖檔

圖片上傳成功後會出現於畫面中間→【Object name】輸入新物件名稱→【Create and select】，就可以將這個自創的遊戲角色擺放在我們所建的空間場景了（圖 3-54）。

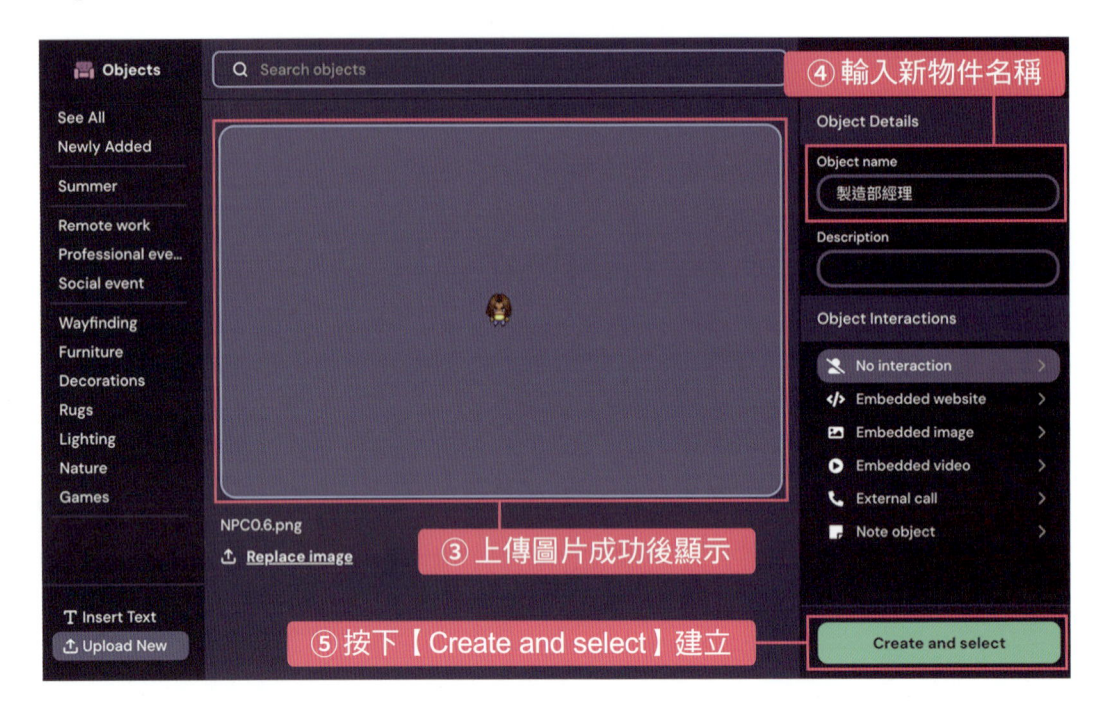

⬆ 圖 3-54　上傳自創角色或物件的設定

當我們在「地圖編輯頁面」將所有的物件都擺放好後，切換到「操作頁面」，就可以開心地看到自己設計的 Gather Town 空間場景都完成了（圖 3-55），有沒有發現自己儼然是一個室內設計師呢！

⬆ 圖 3-55　回到操作頁面查看整個空間場景的設計

3 Gather Town 擴增物件設定

Gather Town 除了有許多官方標準的物件外，其實還有隱藏版的「擴增物件」喔。有動植物、卡丁車、各式開關門等物件，都很貼近現實日常的物件設計。以下我們僅針對情境解謎遊戲最常使用的**「一般開關門」**和**「密碼門」**做介紹（這兩個物件對於解謎遊戲來說是非常重要的功能，建議您善加利用設計於解謎遊戲中）（其他擴增物件設定可以參考官方網站的說明）。

首先，我們必須打開這些隱藏版物件。請回到「地圖編輯頁面」，按左上方的【三橫線】→【Extension Setting】→產生【Extensions / 擴增設定表頁面】（圖 3-56）。

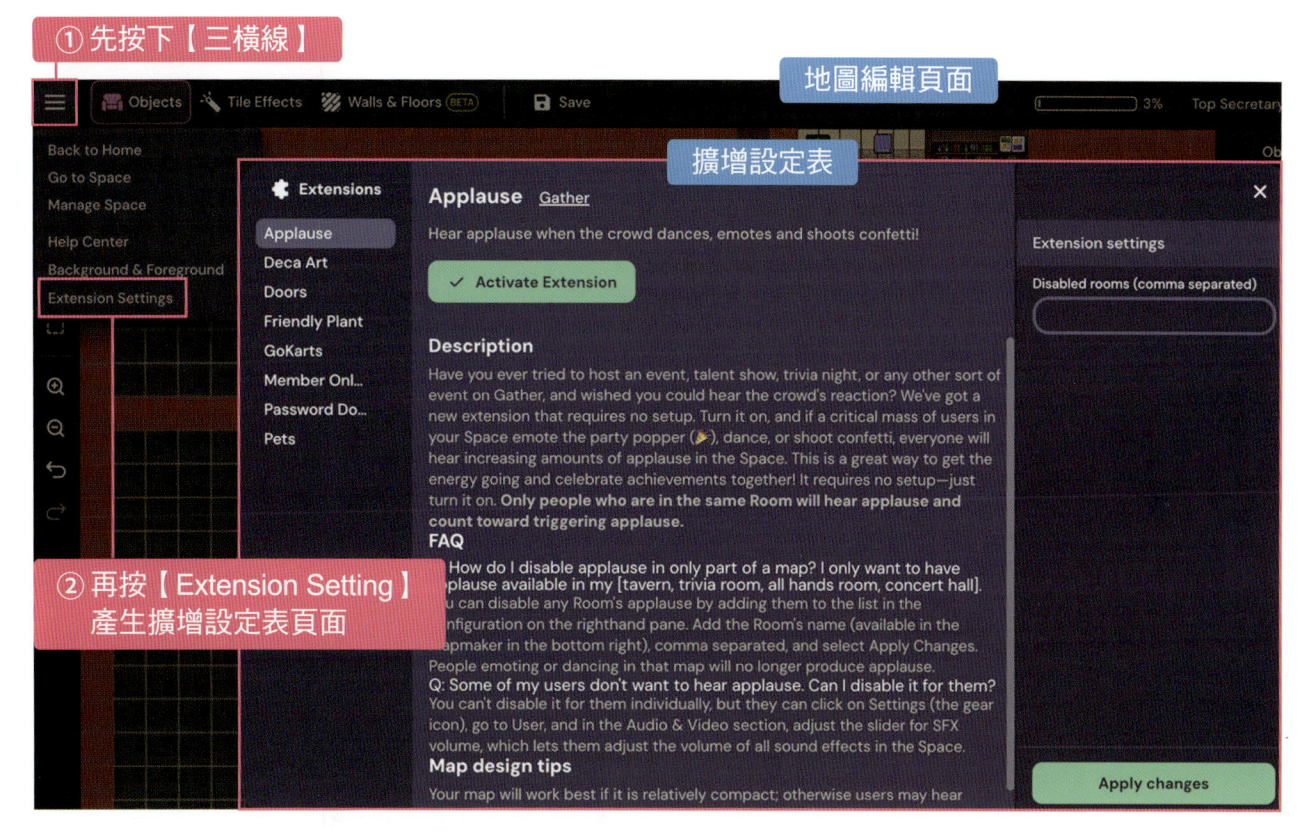

⬆ 圖 3-56　Gather Town 隱藏版擴增物件設定表

【Extensions / 擴增設定表頁面】下方的物件名稱若未出現「✔」代表未被啟動→按下【Activate Extension】啟動該物件的擴增功能。成功啟動擴增功能後，該物件分類將出現「✔」→按右下角【Apply changes】同意變更→回到【Objects / 物件分類表】→原本空白的【擴增區】就會出現被啟動的「擴增物件」選項（圖 3-57）。

③ 按下【Activate Extension】，啟動擴增功能

未啟動擴增功能，物件分類表中的「擴增區」是空白的

④ 啟動擴增功能後，該物件分類出現「✓」，表示已啟動擴增

⑤ 按下【Apply changes】，同意變更

物件分類表的「擴增區」出現被成功啟動後的擴增物件

⑥ 啟動所有擴增功能

物件分類表的「擴增區」出現所有被啟動的擴增物件

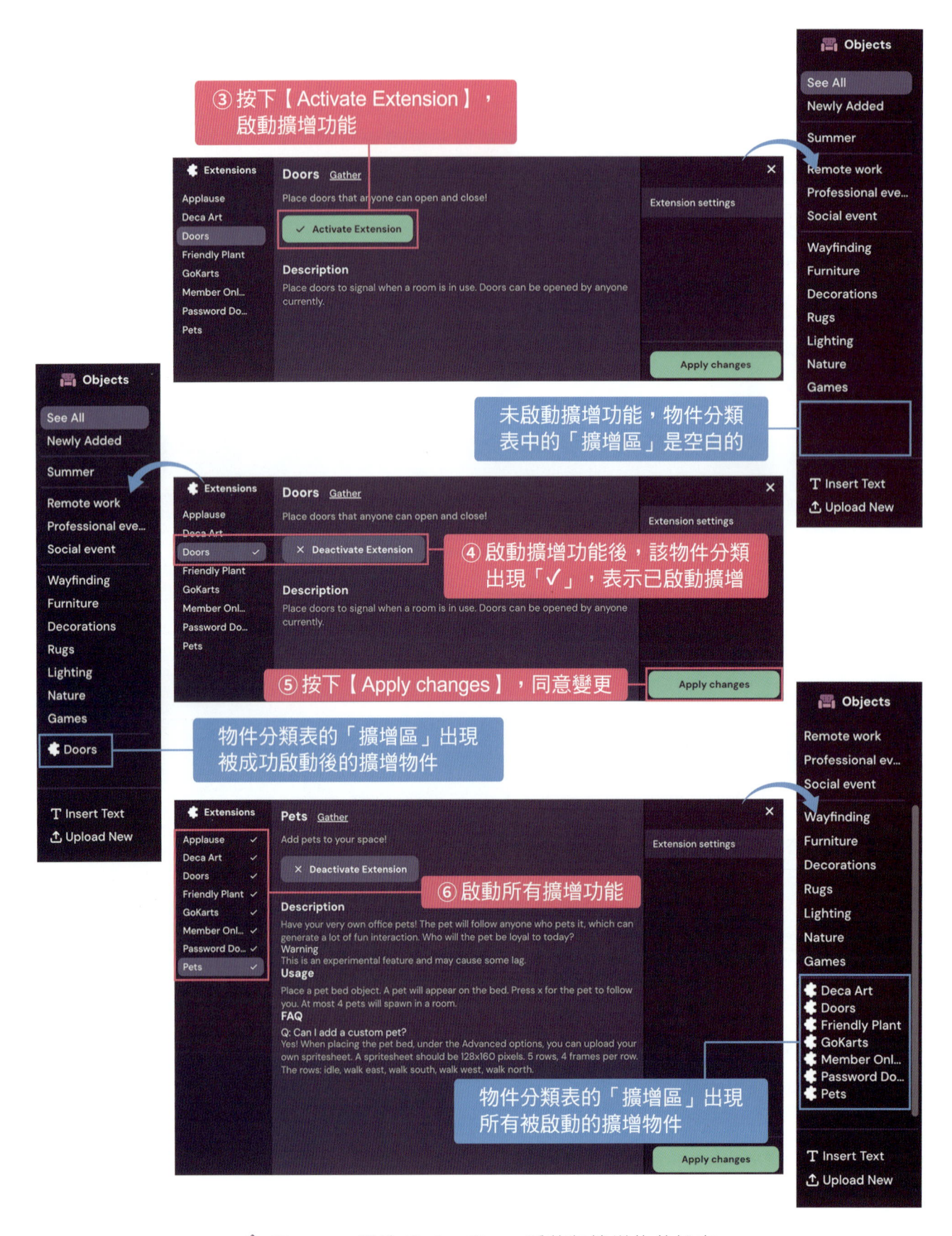

⬆ 圖 3-57　開啟 Gather Town 隱藏版擴增物件設定

第 3 章　Gather Town 虛擬空間設計

• 一般開關門設定

在「地圖編輯頁面」的【物件分類表】點選【Doors】→選擇【門的樣式】→【Override message …】，輸入當玩家觸發後，想讓玩家看見的【提示文字】→【Select】，這時我們就可以拖曳「門」至想要擺設的位置（圖 3-58）。

↑ 圖 3-58　一般開關門設定

接下來，我們回到「操作頁面」看看效果。當遊戲角色在場景行走到這道「門」前時，此「門」就會產生【閃爍黃框】。當玩家按下【X】鍵**觸發**此門，就可以做「開門／關門」動作（圖 3-59），超擬真的對吧！

↑ 圖 3-59　遊戲角色在場景中觸發開關門

85

- **密碼門設定**

　　首先，在【Objects／物件分類表】點選【Password Doors／密碼門】→選擇【門的樣式】→【Select】→拖曳門至想要擺設的位置（圖 3-60）。

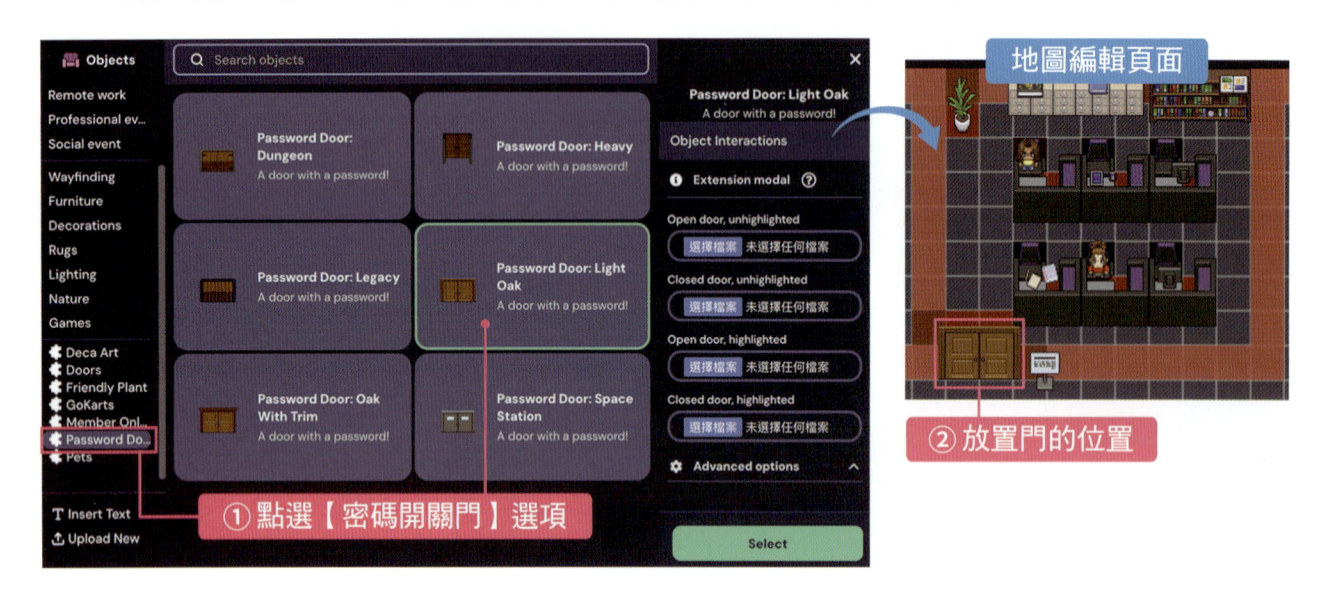

↑ 圖 3-60　密碼門設定

　　這裡有一點需要特別注意，當設計好「密碼門」後，要先回到「操作頁面」**設定密碼**，由設計者本人或是被授權者才能設定密碼，在還沒設定好密碼前，此門則形同虛設，角色可以自由穿越。請用自己的角色走到這道「密碼門」前→按【X】鍵→出現【輸入密碼對話框】→按【Edit】編輯密碼（圖 3-61）。

↑ 圖 3-61　編輯密碼鎖

此時出現【Admin Settings】對話框，上面兩個空格可以輸入要讓玩家知道的【提示文字】，最下面空格則輸入【密碼】（沒有字元限制，英數都可以，但建議不要太難記為佳！）→【SAVE】，密碼就編輯成功了（圖 3-62）。

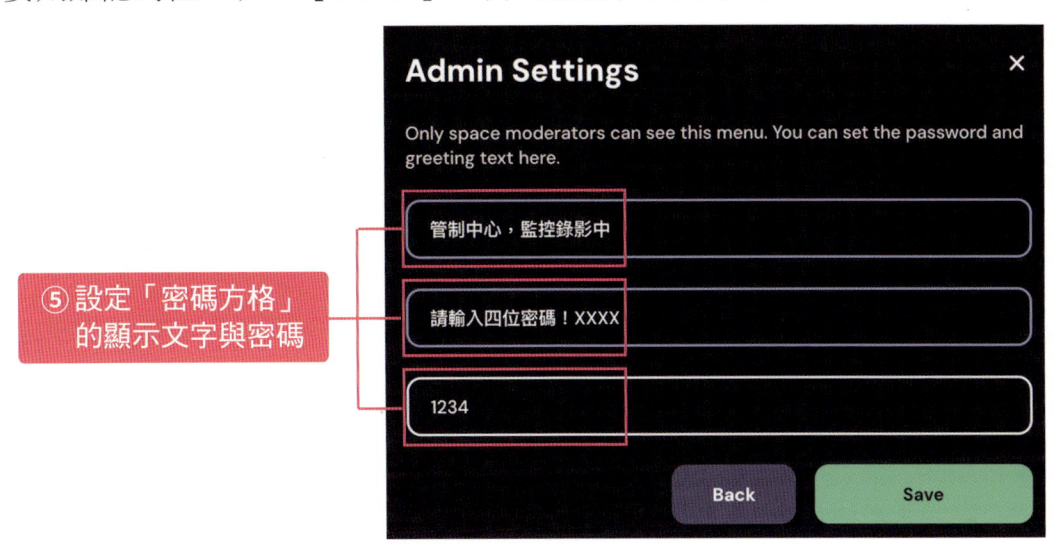

⑤ 設定「密碼方格」的顯示文字與密碼

↑ 圖 3-62　編輯密碼鎖的各項內容

同樣地，我們回到「操作頁面」看看效果。當角色靠近「密碼門」後，這道「密碼門」會出現**閃爍黃框**。玩家按【X】鍵觸發「密碼門」，隨即出現【密碼對話框】，顯示【提示文字】。當玩家在「密碼」欄位輸入密碼正確後，門立即開啟，表示「密碼門」設定成功（圖 3-63）。您心裡可能會有一個小疑問？可不可以隨時變更密碼或忘記密碼時如何處理？很簡單，您只要再回到【Edit】的步驟，重複做編輯密碼動作，接著儲存密碼變更就可以了。「密碼門」設計是解謎遊戲的靈魂，建議您可以善加利用這個功能喔。此設計概念的應用如《金牌秘書》蘇菲秘書的「任務 2」，請見「**1-4 體驗雲端解謎遊戲《金牌秘書》**」。

① 按【X】打開「密碼開關門」
② 輸入密碼
③ 門打開，方可進入

↑ 圖 3-63　密碼門設定完成

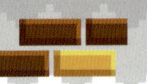

3-4 在 Gather Town 中加入線索訊息與外部連結

上一節我們學會如何在 Gather Town 中，設計和布局一個解謎遊戲的探索虛擬空間。除此之外，解謎遊戲的另一個重點概念就是，玩家在我們所建置好的 Gather Town 空間探索時，要探索什麼？可以找到什麼？您可以先試想一下，玩家在解謎遊戲中，對他們來說最重要的是什麼？對，就是「線索」。有了線索，玩家才能進行分析，思考遊戲策略以破解謎題。那麼，重點來了，我們要如何在 Gather Town 中給予玩家線索？答案是「藉由玩家與 NPC 或物件的互動」。您可能會接著想問，這些線索除了文字，還可以有其他的形式嗎？是否可以是圖片、影片，甚至是連結到一個網頁或是雲端的檔案呢？答案當然也是肯定的。

因此，設計玩家與 NPC、物件之間的互動，在過程中**適時給予玩家破解謎題的線索訊息**，以及這些**線索訊息應以何種形式呈現**是解謎遊戲的關鍵。Gather Town 有幾種加入線索訊息與外部連結（網址）方法，本書將一一介紹。請開啟 Gather Town 的「Object Interactions / 物件互動功能表」（圖 3-64）。

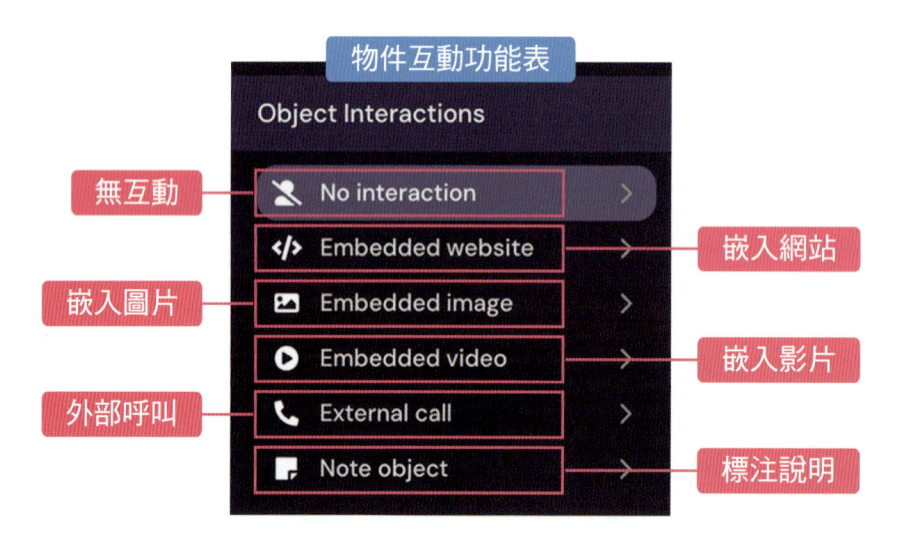

↑ 圖 3-64　物件互動功能表

1 No interaction / 無互動

物件與玩家不會有任何互動，物件只是單純的擺放物品。

2 Embedded website / 嵌入網站

此方式是解謎遊戲最常用到的互動方式。點選欲設定互動的物件→選擇【Embedded website】→輸入【Website / 網址】→設定【Activation distance / 啟動觸發距離】（距離的單位為「方格」，數字越小代表角色要越靠近此物件才會呈現互動的閃爍黃框）→輸入【Prompt message / 提示訊息】與上傳【Active image / 圖片預覽】。當玩家靠近物件的距離符合**觸發條件**就會觸發互動，此時玩家按【X】鍵，會顯示設定的網址，玩家點選網址即會開啟此網址的網頁。【Prompt message / 提示訊息】與【Active image / 圖片預覽】可填可不填，若有填入，當玩家觸發物件時，物件會同步顯示輸入的提示訊息或圖片。此兩項設定對於玩家在虛擬空間進行探索時，是一個很實用的訊息輔助功能，我們建議您可以適時的設定這兩個欄位（圖 3-65、圖 3-66）。

↑ 圖 3-65　嵌入外部連結網址設定

[顯示執行畫面]

按【X】即回到Gather Town頁面

⬆ 圖 3-66　玩家觸發嵌入外部連結網址物件的顯示畫面

　　Gather Town 除了嵌入一般網站連結外，也可以嵌入**雲端文件檔案的連結**。您可以將線索訊息放在 Microsoft Office、PDF 或其它文件格式的檔案，再上傳到雲端（如：Google Drive、OneDrive），或直接使用 Google 的雲端文件（如：Google Form、Google 簡報、Google 試算表等），之後再在 Gather Town 嵌入這些雲端文件檔案的連結網址。提醒您，請務必記得要將雲端檔案設為**「共用」**，玩家才能正確開啟檔案。

　　請注意，在 Gather Town 嵌入各式 Google 雲端文件類型的檔案，其連結網址都要使用「**預覽 /viewform** 👁 」狀態的網址，也就是網址列最後要是「https://....../**viewform**」，才能在 Gather Town 正確顯示。所以請您記得從 Google 雲端文件的編輯（Edit）頁面，切換到「預覽（viewform）」頁面再複製網址。

　　以下我們介紹幾種在解謎遊戲常用的雲端文件嵌入方法：

(1) Google Form

　　點選欲設定互動的物件→選擇【Embedded website】→輸入【Google Form 網址】與設定【啟動觸發距離】→輸入【提示訊息】→【SAVE】（圖 3-67、圖 3-68）。

第 3 章　Gather Town 虛擬空間設計

① 嵌入 Google Form 網址
（注意：要使用「預覽 viewform」）

② 啟動觸發距離

③ 提示訊息

操作頁面

靠近物件時會出現提示訊息，按【X】後，互動呈現

⬆ 圖 3-67　嵌入 Google Form 外部連結網址設定

顯示執行畫面

按【X】即回到 Gather Town 頁面

⬆ 圖 3-68　觸發嵌入 Google Form 連結網址物件的顯示畫面

91

(2) Google 簡報

點選欲設定互動的物件→選擇【Embedded website】→輸入【Google 簡報網址】與設定【啟動觸發距離】→輸入【提示訊息】→【SAVE】（圖 3-69、圖 3-70）。

⬆ 圖 3-69　嵌入 Google 簡報外部連結網址設定

⬆ 圖 3-70　觸發嵌入 Google 簡報連結網址物件的顯示畫面

(3) Google 試算表

點選欲設定互動的物件→選擇【Embedded website】→輸入【Google 試算表網址】與設定【啟動觸發距離】→輸入【提示訊息】→【SAVE】（圖 3-71、圖 3-72）。

① 嵌入 Google 試算表網址
② 啟動觸發距離
③ 提示訊息

操作頁面

靠近物件時會出現提示訊息，按【X】後，互動呈現

⬆ 圖 3-71　嵌入 Google 試算表外部連結網址設定

顯示執行畫面

按【X】即回到 Gather Town 頁面

⬆ 圖 3-72　觸發嵌入 Google 試算表連結網址物件的顯示畫面

⑷ Google 文件轉 PDF

在 Gather Town 嵌入 Google 雲端文件檔案的好處是可以讓玩家在文件中進行**共同編輯**的動作。但對於解謎遊戲而言，在 Gather Town 嵌入外部網站連結的重點在於我們要提供玩家破解遊戲的線索，因此若非必要讓玩家們在雲端文件上做共同編輯或資料輸入的動作，建議不要直接嵌入 Google 雲端文件的網址，而是先將線索訊息輸入到 Microsoft Office 的檔案，再轉成 PDF 檔案格式，之後上傳到 Google 雲端，避免文件內的線索訊息被玩家不小心移除或修改的錯誤情形發生。不過要特別注意的是，如果直接複製 Google 雲端的 PDF 檔案網址，在 Gather Town 是無法正常顯示的。

請依以下步驟操作：【用滑鼠左鍵在雲端的 PDF 檔案連續點選兩下】→按【┋更多動作】→【在新視窗中開啟】（圖 3-73）。此時新視窗 PDF 檔案的連結網址為「https://⋯/view」，接著複製此新視窗的網址→在 Gather Town 嵌入此網址→手動將網址最後的「view」修改為「preview」（圖 3-74），如此嵌入 Gather Town 的 PDF 檔案才能正常顯示（圖 3-75）。

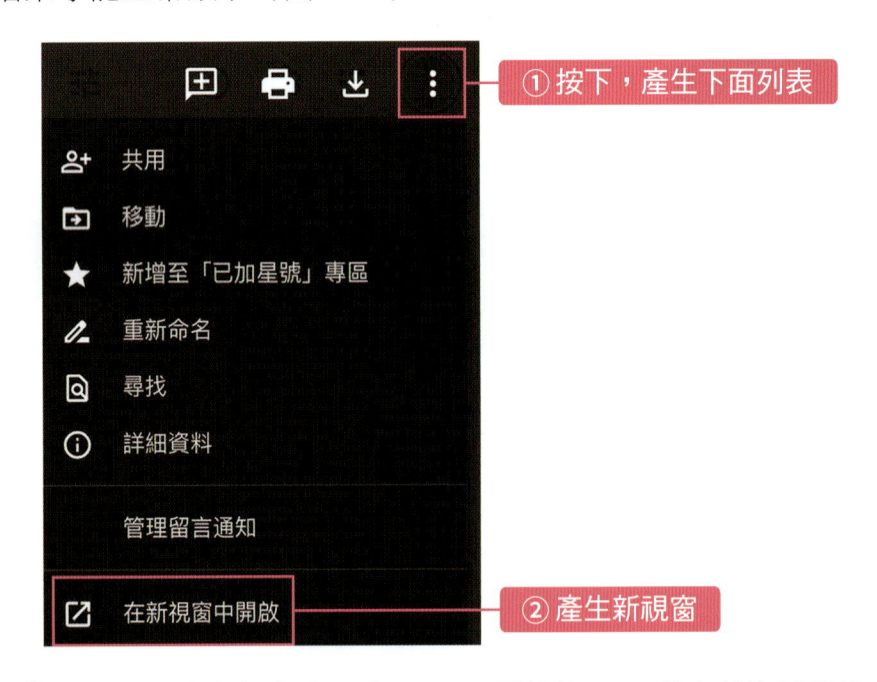

⬆ 圖 3-73　在新視窗中開啟 Google 雲端的 PDF 檔案並複製網址

③ 嵌入雲端PDF網址
（注意：原下載網址為「/view」，要手動修改為「/preview」）

④ 啟動觸發距離

⑤ 提示訊息

操作頁面

靠近物件時會出現提示訊息，按【X】後，互動呈現

↑ 圖 3-74　嵌入 Google 雲端的 PDF 檔案外部連結網址設定

顯示執行畫面

按【X】即回到Gather Town頁面

↑ 圖 3-75　觸發嵌入 Google 雲端 PDF 檔案連結網址物件的顯示畫面

3 Embedded image / 嵌入圖片

在解謎遊戲中，常常會放一些圖片訊息來當作提示。可以設定在公告欄、書籍等物件。提醒您，嵌入圖片的物件類型也要符合遊戲的風格，試想《金牌秘書》的訊息提示如果嵌入一隻動物的圖片，那就太突兀了！

點選欲設定互動的物件→選擇【Embedded image】→設定【啟動觸發距離】→在【Image】上傳觸發後要顯示的圖片→【Preview image】上傳預覽圖片。要特別注意，圖片需上傳到有註明「＊」的欄位，【Select】按鈕才會變成綠色→放置該物件→【SAVE】。設定好後建議測試看看圖片觸發後是否正常顯示，並查看一下圖片的解析度是否合適（圖 3-76、圖 3-77）。

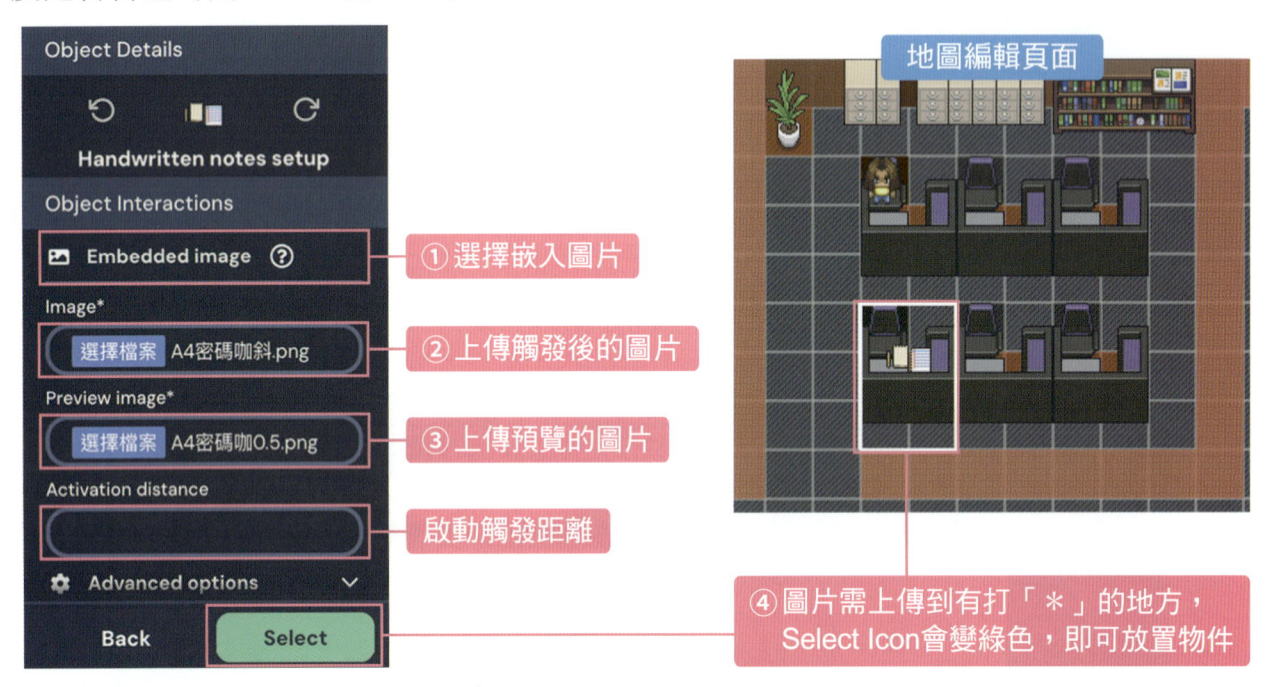

↑ 圖 3-76　嵌入圖片設定

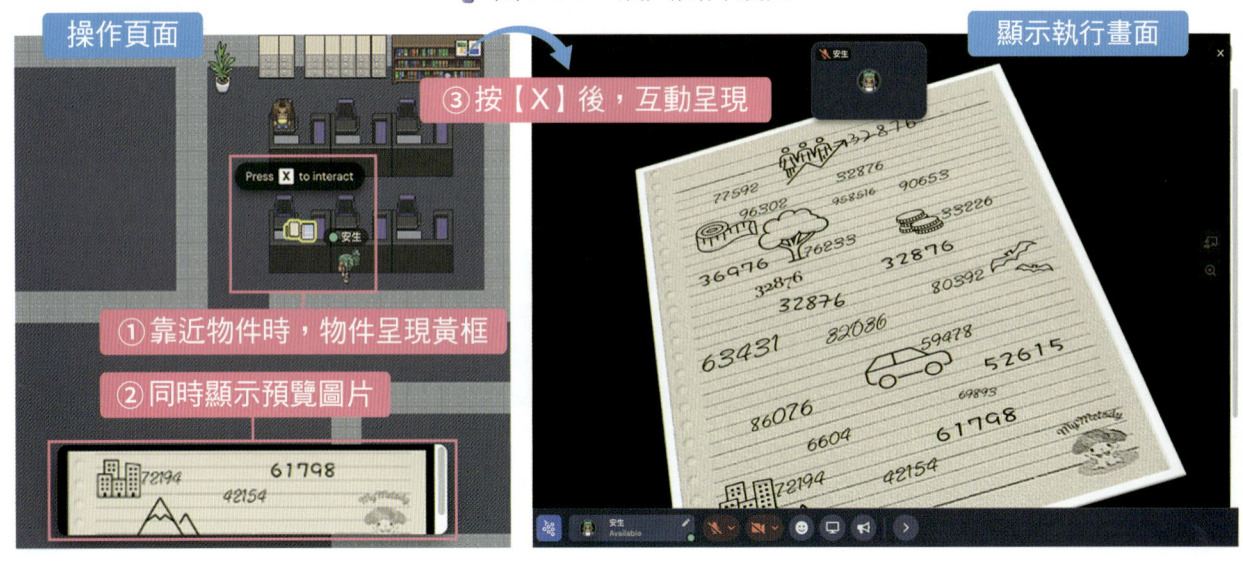

↑ 圖 3-77　玩家觸發嵌入圖片物件的顯示畫面

第 3 章　Gather Town 虛擬空間設計

4 Embedded video / 嵌入影片

　　在解謎遊戲中，我們也會使用影片來做大片段的訊息或遊戲情境說明。如果您想使用自行設計的影片，建議將影片放置於 YouTube 上，是最好的嵌入影片方式。點選欲設定互動的物件→選擇【Embedded video】→輸入【YouTube 網址】與設定【啟動觸發距離】。影片需上傳到有註明「＊」的欄位，【Select】按鈕才會變成綠色→放置該物件→【SAVE】。設定好後建議測試看看影片觸發後是否正常播放，以及影片的清晰度與聲音（圖 3-78、圖 3-79）。

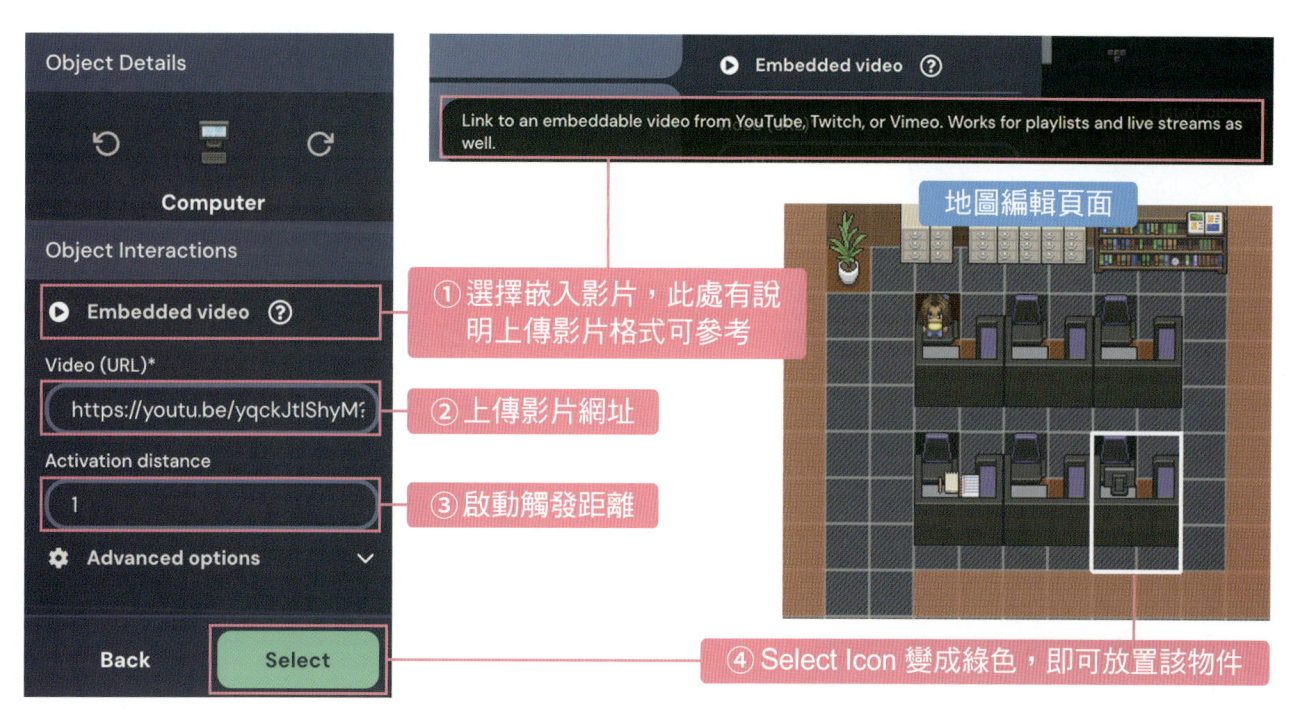

⬆ 圖 3-78　嵌入影片設定

⬆ 圖 3-79　玩家觸發嵌入影片物件的顯示畫面

Gather Town 遠距情境式解謎遊戲設計

5 External call／外部呼叫

在解謎遊戲中，可以設計另一種互動，就是對外尋求協助的情境，即「外部呼叫」的功能。點選欲設定互動的物件→選擇【External call】，輸入【視訊會議連結網址（本例使用 Google Meet）】與【啟動觸發距離】。網址需上傳到有註明「＊」的欄位，【Select】按鈕才會變成綠色→放置該物件→【SAVE】。視訊會議的連結要注意一下「會議代碼」的時效性喔（圖 3-80、圖 3-81）。

⬆ 圖 3-80　嵌入外部呼叫設定

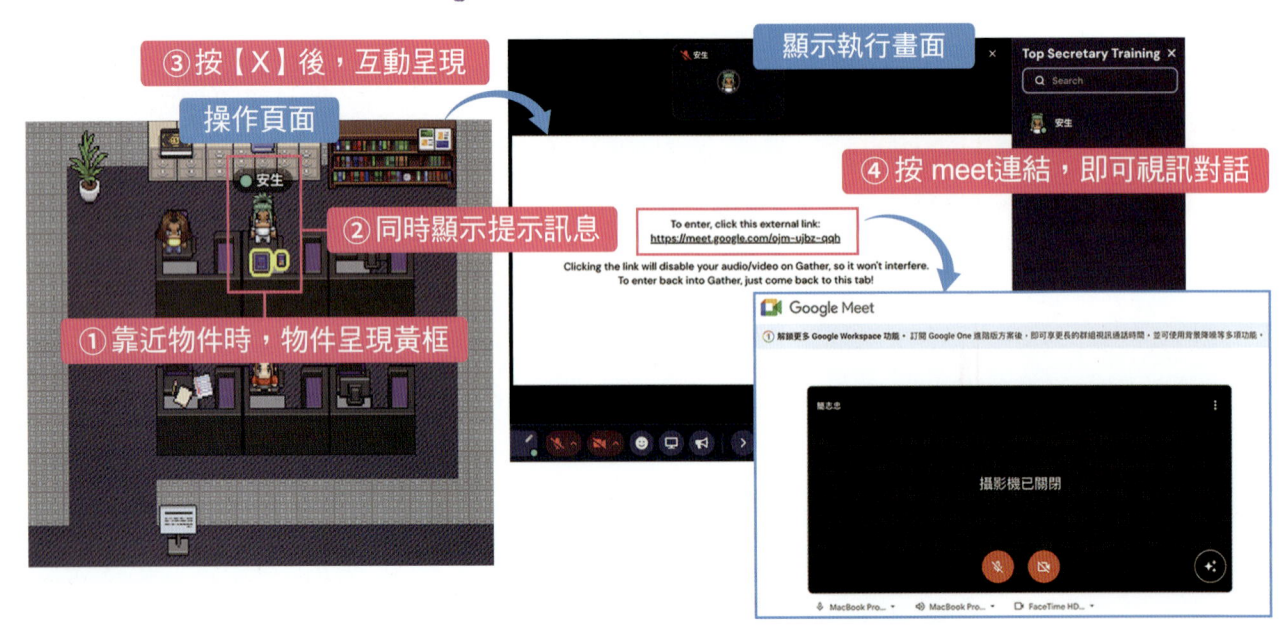

⬆ 圖 3-81　玩家觸發嵌入外部呼叫物件的顯示畫面

6 Note object / 標註說明

在解謎遊戲中,我們也經常使用簡短的文字訊息來當作線索提示。點選欲設定互動的物件→選擇【Note object】→選擇【Bulletin(note)】→在【Message】輸入欲顯示的訊息內容→在【Prompt message】輸入提示訊息→設定【啟動觸發距離】→【Select】按鈕變綠色→放置該物件→【SAVE】(圖 3-82、圖 3-83)。

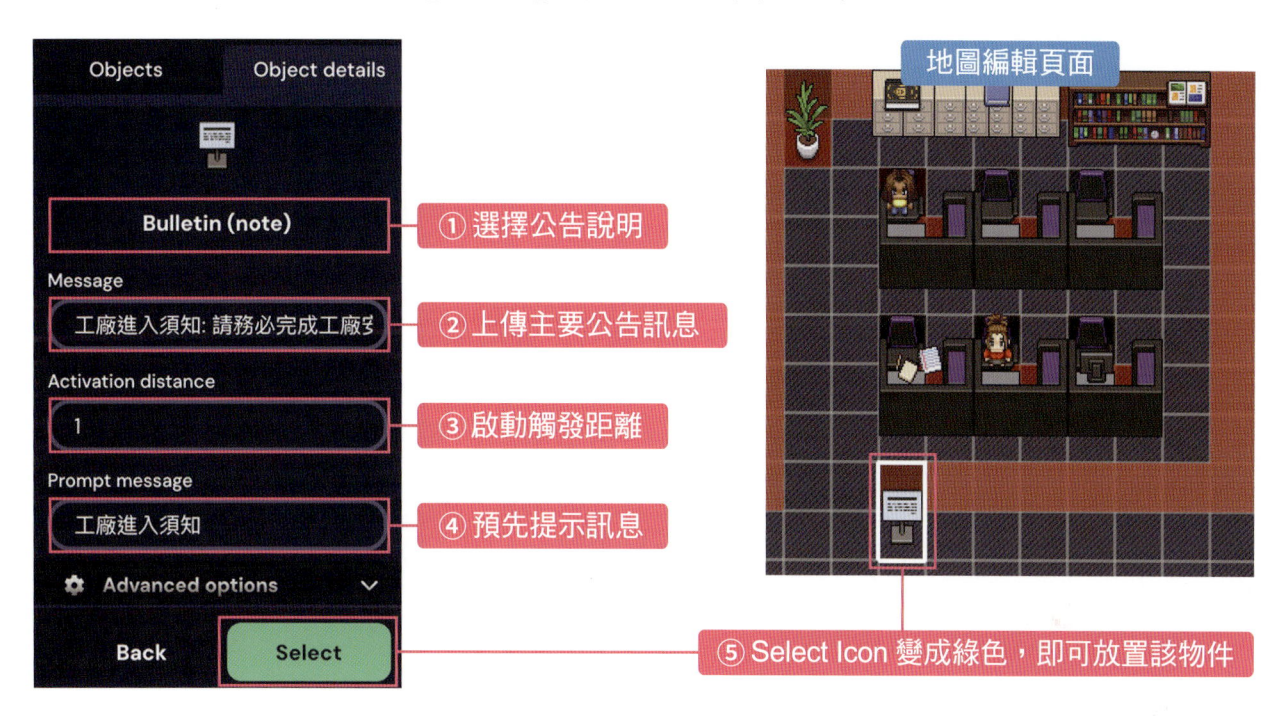

① 選擇公告說明
② 上傳主要公告訊息
③ 啟動觸發距離
④ 預先提示訊息
⑤ Select Icon 變成綠色,即可放置該物件

地圖編輯頁面

⬆ 圖 3-82　嵌入標注說明設定

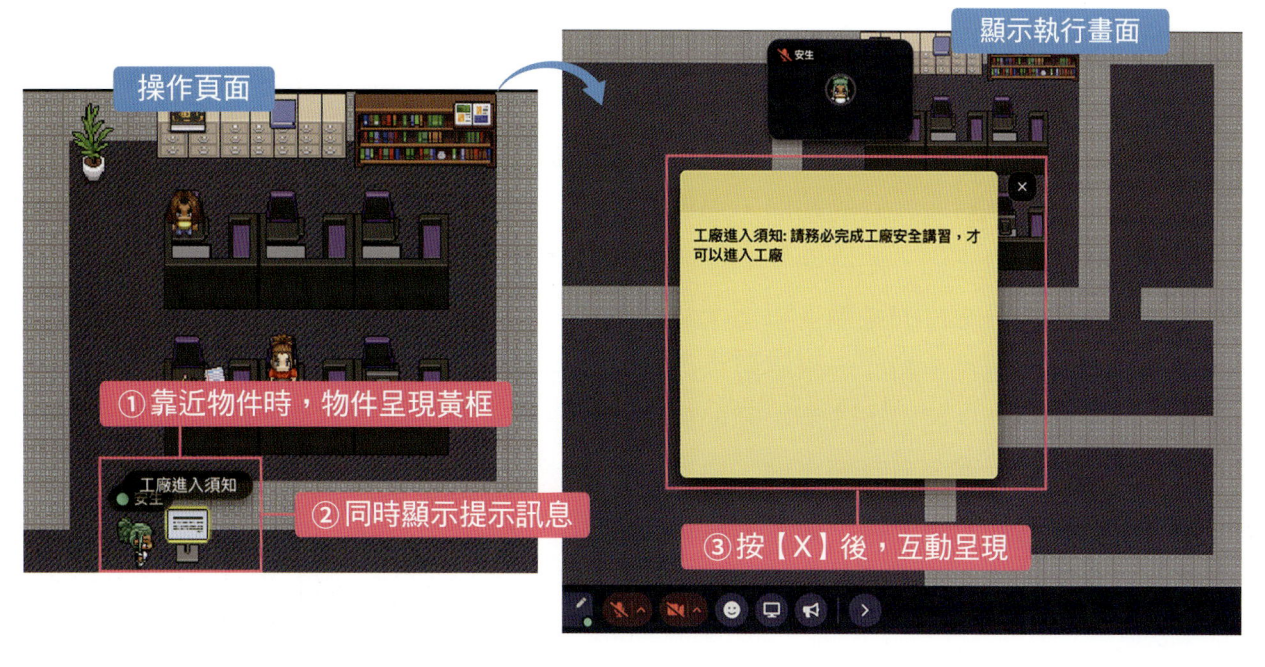

操作頁面
顯示執行畫面

① 靠近物件時,物件呈現黃框
② 同時顯示提示訊息
③ 按【X】後,互動呈現

⬆ 圖 3-83　玩家觸發嵌入標注說明物件的顯示畫面

實作練習 3：Gather Town 密室脫逃實作練習

當您實際體驗過本書的範例遊戲《金牌秘書》，也熟悉了 Gather Town 的空間布局概念與各種物件功能的運用與設定，您是不是也很想趕快開始設計一款屬於自己的 Gather Town 密室脫逃遊戲呢！密室脫逃遊戲要能吸引玩家，不外乎就是要讓玩家沉浸於探索、推理與解謎的過程，進而解開真相獲得成就感。

本書建議您：

1. 善用 Gather Town 物件的內建功能，如傳送門、密碼鎖、各種互動線索訊息提示及外部連結的運用，可以使密室脫逃遊戲更加豐富與有趣。

2. 謎題難易度宜採循序漸進方式，讓玩家獲得破關的成就感，才會有繼續玩的動機。可以讓玩家在遊戲空間探索時得到一些適度的提示與線索，遊戲的適度提示可以讓玩家擁有遊戲的控制感，避免玩家因無法破關而放棄遊戲。當然，提示與線索也應避免太詳細或直接，否則玩家一下就破關就不好玩了。此外，如果再設計幾個模稜兩可的遊戲發展方向，讓玩家產生不確定性，更能增加密室脫逃遊戲的懸疑性喔。

本小節提供一個實作練習的情境，請您在 Gather Town 依以下遊戲故事背景的描述，設計一個密室脫逃遊戲吧！

遊戲故事背景

在公元 3000 年，創世界公司所發明的病毒產生變種，被感染的人類變成了半獸人。在人類與半獸人大戰的期間，地球盟軍的科學家阿里在一棟隱密於山中的二層樓房屋進行藥物研究。他發明了一種將多種特殊藥物組合後，可以提升細胞再造功能，使傷口快速癒合的藥劑。每個士兵只要施打 3cc 這種藥劑，即可擁有這種特殊的復原能力三個月，如此一來將可大大提升盟軍的戰力。然而，在一次盟軍的電報中，這藥劑的訊息被敵軍破解，因此敵軍也想取得此配方。就在兩天前，科學家阿里在將藥劑配方送到盟軍藥廠進行量產的路上被敵軍偷襲，幾位特工不幸被殺害，阿里也遭到追殺。阿里為了顧全大局最後跳下河谷，生死不明！盟軍得知此消息，只能趕緊派人前往阿里的實驗室，想要取回藥劑的配方資料，並在敵軍來之前燒毀整棟實驗室。

聰明的阿里對此緊急狀況早有預防，為了避免藥劑的配方流落到敵軍手上，他之前就已在實驗室 2 樓設置兩間被密碼鎖鎖著的房間，一間是放置「配方」，一間是放置「炸藥」。當玩家取得兩組房間密碼時，還需要正確判斷「盟軍暗號」才能知道使用哪一組密碼成功進入到放置配方的房間，並取回配方。如果錯誤，將會引爆炸彈摧毀整棟研究室。

〈實作練習〉

現在您將化身為科學家阿里，設計一個符合上述情境的密室脫逃場景。您可以先想想在「一棟位於深山中兩層樓房的室內空間」可能會是什麼樣子？實驗室的空間可以怎麼規劃？而實驗室空間可能有哪些擺設（可參考圖 3-84）？

小提示 兩間密碼門可用「密碼鎖」功能進行設計，其他線索訊息設計可參閱「3-3 Gather Town 空間場景編輯及 3-4 在 Gather Town 中加入線索訊息與外部連結」。

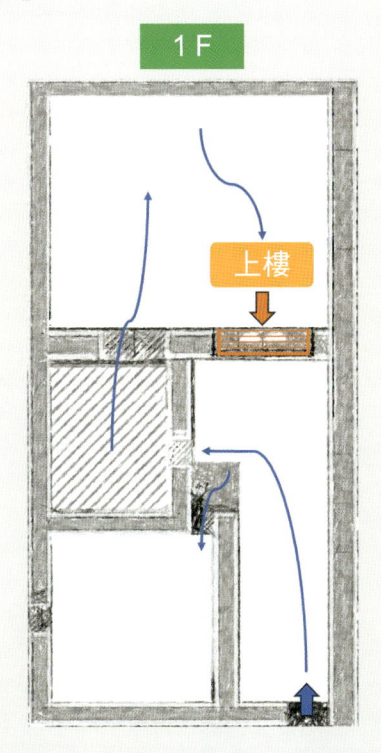

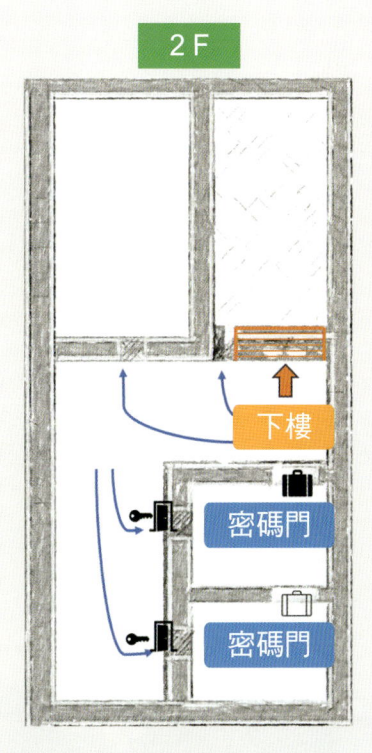

↑ 圖 3-84 Gather Town 密室脫逃實作練習 – 實驗室空間設計參考圖

NOTE

第 4 章
Google Form 解謎情節互動設計

4-1 Google Form 功能簡介
4-2 Google Form 中的選擇路徑結構設計
4-3 在 Google Form 中實作劇本路徑
實作練習 4：簡易 Google Form NPC 對話實作

4-1 Google Form 功能簡介

Google Form 是一個功能強大且易於使用的數位工具,它能讓您輕鬆地創建問卷、進行調查,以及設計方便執行測驗的報名表,是一個可以實現互動性學習環境的創新平台。您也可以發揮創意,在 Google Form 上編寫屬於個人的冒險故事,甚至設計出充滿挑戰與樂趣的情境解謎遊戲。透過 Google Form,您能創建涵蓋多元問題類型的問卷,從簡單的選擇題到開放式問題,並透過電子郵件或連結分享問卷,從而收集並整理各種資料,包括文字、數字、選項、日期和時間等(圖 4-1)。不論在工作中還是學習中,都可以使用 Google Form 設計出一系列豐富多元、引人入勝的情境解謎教育遊戲。這裡沒有程式碼的束縛,也不需要專精的設計技巧,只要懂得操作滑鼠和鍵盤,就能輕鬆上手。

01 共同建立表單及分析結果
可以在表單中新增協作者一起即時擬定問題,之後大家可以共同分析結果,而且不必共用多個版本的檔案。

02 處理簡潔的回應資料
透過內建智慧功能設定回應驗證規則。例如,確保電子郵件地址格式正確,或是確保數字位於指定範圍內。

03 透過電子郵件、連結或網站分享表單
可以輕鬆將表單提供給特定使用者或廣大的目標對象,只要將表單嵌入自己的網站,或是透過社群媒體分享連結即可。

⬆ 圖 4-1　Google Form 的三大功能

1 Google Form 的重要特點

(1) 多元的問題設計

　　Google Form 提供的直觀使用介面就如同您的創作筆觸,透過幾個簡單的點擊和輸入,就能輕鬆地創建全新的表單並開始進行精彩的設計。Google Form 預設了各式各樣的範本供您選擇,當然,如果對已有的範本不甚滿意,也可以從零開始設計全新的表單。除此之外,它還提供許多不同種類的問題形式,如單選、多選、下拉選單、短答、段落、線性尺度等,確保您能根據不同的情境和目的進行設計。這樣的多元設計形式讓 Google Form 變得如同一個遊戲創作平台,在這兒您可以恣意釋放您的創意想法,設計出充滿趣味性且具有教育意義的遊戲活動。

(2) 客製化外觀設定

　　Google Form 的彈性設計讓您可以按照自己的喜好或需求，在 Google Form 中自訂遊戲畫面的視覺風格。可以選擇喜愛的色彩組合、插入吸引人的圖片、甚至是選擇適合主題的字型，使表單更符合您心目中的模樣。更重要的是，甚至可以將自己的圖片設定為表單背景，為您的遊戲創造出與眾不同的氛圍，讓每一份表單都能凸顯出獨特的創意。這樣的客製化設定，不僅能使您的 Google Form 變得獨一無二，更為玩家提供深入其境的遊戲感受。

(3) 靈活的情境過渡

　　Google Form 擁有強大的**「頁面分支」**邏輯功能，可為您的遊戲建立不同的故事情境和結局，使得創建多元情境式的解謎遊戲變得容易許多。您可以透過設定各種遊戲解謎條件，根據玩家的選擇將其引導至不同的頁面或問題，甚至直接結束表單，進一步創造出豐富多變的故事情節。這種情境的過渡不僅能營造出獨特的遊戲氛圍，也使得每一個玩家在遊戲中都能擁有不同的體驗與結局。這種由玩家主導、選擇和結果因人而異的遊戲模式，會帶給玩家更多的驚喜與刺激，增強玩家的投入感與遊戲的樂趣。

　　此外，Google Form 的「運用選擇題選項進行頁面區段路徑分支」功能也讓教學者有機會為玩家創造更加個人化的學習路徑。通過分析學習者的答案和選擇，教學者可以導引他們進入適合自己能力和興趣的學習章節，使學習過程更加具有適性化和效率。這不僅提高了學習的吸引力，還有助於提升學習者的學習成效和滿足感（「對話頁面分支」與「故事情節分支」的概念請見「**2-4 運用 Miro 規劃互動劇情路徑圖**」）。

(4) 即時回應及數據分析

　　您可以即時查看回答者的答案或選擇，更進一步地，Google Form 收集到的數據會自動生成統計圖表，讓您能一目了然地掌握填答者的回應狀況。對於需要深度探討與分析的場合，您甚至可以將這些回應直接導出到 Google 試算表，進行進一步的處理與分析。這個功能不僅讓您更好地了解玩家或學習者的思維方式，也為您提供了根據回應結果來改進遊戲或課程設計的重要依據。有了這些資訊，您可以精準地了解遊戲的哪些部分需要改善，哪些遊戲挑戰任務或問題太過困難，甚至哪些部分最受玩家或學習者喜愛，從而進行優化與調整遊戲的設計，提升遊戲教學活動的品質與效果。

(5) 協作和分享

　　Google Form 強調的不僅是個人創作，更重要的是團隊間的協作。該平台支持多人同時線上進行編輯和共享表單，這使得不論是在腳本設計階段還是在最後的遊戲測試與修改階段，都能夠方便地進行團隊協作。透過這種協作模式，每個團隊成員都可以分享他們的創作想法，並集結眾人的智慧創造出更加豐富與引人入勝的解謎遊戲。而在創作完成後，您也可以透過 Google Form 直接分享您的遊戲給其他人，讓更多的人可以體驗到您和團隊的創作成果。這樣的分享與交流，不僅能激發更多的創新與改進，也能進一步拓展解謎遊戲的影響力與價值。

(6) 安全和隱私

　　在設計解謎遊戲時，保護玩家的安全和隱私是至關重要的一環。Google Form 明白這一點，並提供了許多工具來保護使用者和回答者的隱私，您可以設定遊戲只對特定的玩家開放，這樣就可以控制誰能參與您的遊戲。此外，Google Form 也允許您設定匿名的回應，表示玩家可以在不揭露其身份的情況下進行遊戲，這對於維護遊戲的公平性並保護玩家隱私是十分有幫助的。這種尊重並保護每位參與者隱私的做法，不僅使得解謎遊戲更具吸引力，也讓玩家能夠更安心地投入遊戲之中，盡情享受解謎的樂趣。

2 Google Form 的設定介面

　　首先，請登入 Google 帳號，點選右上方【⋮⋮⋮ 圖示】，選擇【表單】進入表單畫面。亦可在 Google 雲端硬碟視窗點選【新增】→【Google 表單】（圖 4-2）。

⬆ 圖 4-2　新增 Google Form

第 4 章　Google Form 解謎情節互動設計

在設計情境解謎遊戲時，Google Form 的使用介面和功能對於形塑遊戲有著關鍵性的作用，以下是使用介面的介紹。

① 未命名表單

在這裡可以輸入遊戲標題，並在下方【說明】欄位中，添加對遊戲背景或規則的說明文字。

⑧ 選單進階設定

提供進階的表單設定，可以進行更多細緻的調整來豐富遊戲體驗。使用外掛程式可以擴展遊戲功能；自訂主題則可根據遊戲氛圍設計獨特的視覺風格；透過預覽表單可以從玩家視角確認遊戲流程和設計的合理性；復原和重做表單則可在設計過程中更自由地嘗試和調整，進一步優化遊戲設計。

② 問　題

設置遊戲挑戰和決策點的地方，在此輸入要詢問的內容（即「問的內容」），每個問題都會對遊戲產生不同的影響。

⑦ 新增選項

可以新增問題、匯入問題，或者是新增標題與說明、插入圖像、影片，以及在情境解謎遊戲的選擇結構中最常用到的【新增區段】，這個功能對於形塑豐富多變的遊戲情境非常重要。

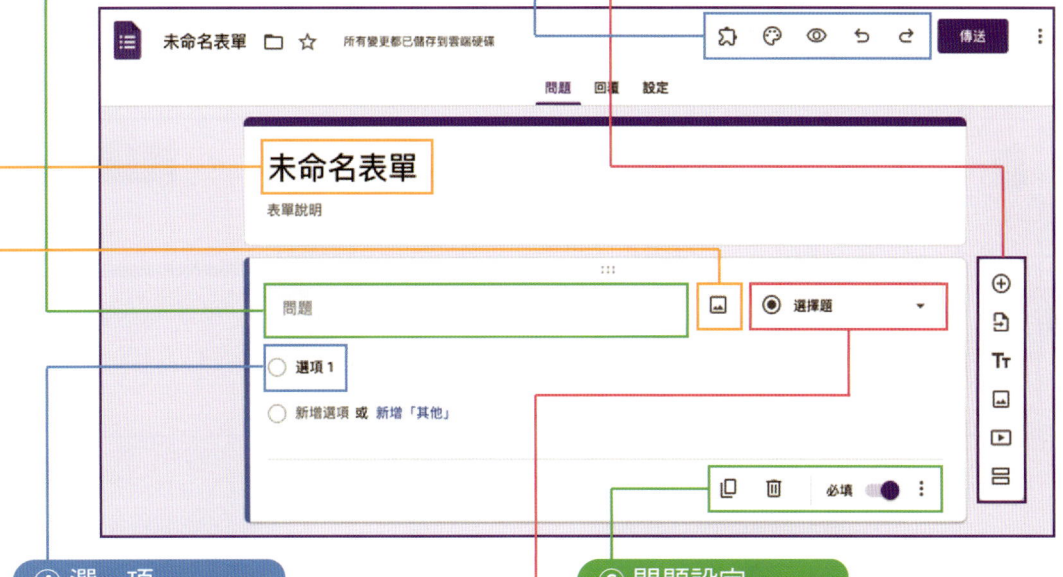

④ 選　項

設置答案選項的地方（即「答的選擇」），玩家的選擇將引導故事有不同走向。如果需要增加更多答案選項，只需要點選【新增選項】。

⑥ 問題設定

每一個問題都是獨立的，可以隨意調整每個問題的排列順序、進行複製或刪除問題，亦可將問題設為【必填】（勾選【必填】的題項，即表示玩家必須回答該題目，才能提交表單）。

⑤ 插入圖片

可以在題目中插入與問題或情境相關的圖片，增加遊戲的視覺效果和情境感。

③ 問題類型

Google Form 提供11種不同的問題類型供您選擇，包含簡答、詳答、選擇題、核取方塊、下拉式選單、檔案上傳、線性刻度、單選方格、核取方塊格、日期及時間。這些類型的選擇會影響玩家的遊戲體驗，在情境解謎遊戲設計中最常使用的有簡答、**選擇題**、**檔案上傳**等三種類型（將在「**4-2 Google Form 中的選擇結構設計**」做詳細介紹）。

3 Google Form 的功能介紹

(1) 輸入表單名稱

在設計解謎遊戲的過程中，適切的命名對於吸引玩家和描述遊戲內容有重要的作用。您可以在 Google Form 左上方的【▤ 未命名表單】處輸入這款解謎遊戲所設定的名稱。一旦輸入完成，您會發現該名稱已同步顯示在主介面的表單名稱位置，省去重複輸入的步驟。此外，也可以在下方添加遊戲說明，為玩家簡單介紹這款遊戲的背景和玩法，以提高遊戲的吸引力並增加玩家的遊戲體驗（圖 4-3）。

⬆ 圖 4-3　在 Google Form 輸入表單名稱

(2) ⊕ 新增問題：新增下一個問題

在您的解謎遊戲設計過程中，新增問題的選項可以讓您按照遊戲的劇本和脈絡添加相對應的問題。這些問題可能涵蓋遊戲玩法的理解、解謎的挑戰度、對劇情進展的猜測等各種類型，以強化遊戲的互動和吸引力。更重要的是，通過問題的設計，您可以獲取玩家的反饋，進一步改進遊戲設計，增加遊戲的樂趣和挑戰性。不僅如此，您還可以利用這些問題來引導玩家，讓他們在遊戲中找到線索，進一步提高解謎遊戲的深度和豐富性（圖 4-4）。

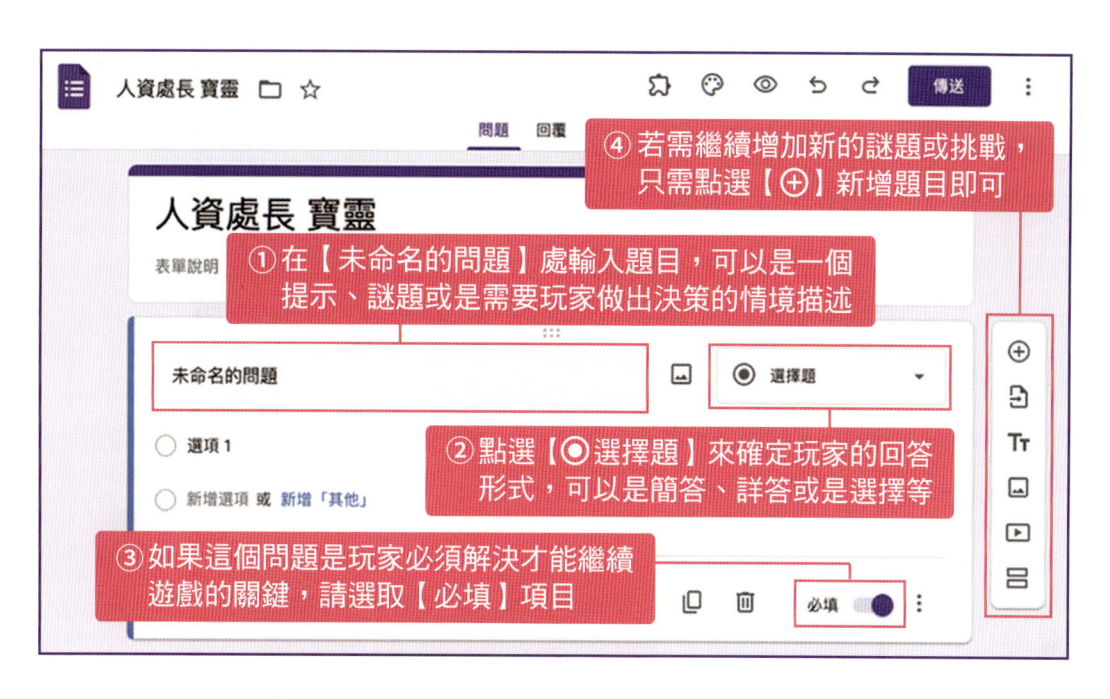

圖中標註說明：
① 在【未命名的問題】處輸入題目，可以是一個提示、謎題或是需要玩家做出決策的情境描述
② 點選【◉選擇題】來確定玩家的回答形式，可以是簡答、詳答或是選擇等
③ 如果這個問題是玩家必須解決才能繼續遊戲的關鍵，請選取【必填】項目
④ 若需繼續增加新的謎題或挑戰，只需點選【⊕】新增題目即可

⬆ 圖 4-4　在 Google Form 新增問題的步驟

(3) ⤓ **匯入問題**：可以從已存在的表單中匯入表單的問題

這對於連續性或一系列的解謎遊戲尤其有用，它允許您保留一些核心的或反覆出現的問題，以確保遊戲的連貫性。此外，如果您在先前的遊戲版本中收到了寶貴的玩家反饋，並想在新的遊戲中再次利用這些問題，那麼匯入問題功能會是一個極好的工具。請記住，儘管您可以從其他表單中匯入問題，但最好根據新的劇本和玩家期望進行必要的修改和調整（圖 4-5）。

⬆ 圖 4-5　在 Google Form 匯入問題

(4) **Tt 新增標題與說明：**新增問題的標題以及說明文字

在解謎遊戲的表單中，一個清晰且有吸引力的標題和相關說明是非常重要的。標題應該要能夠吸引玩家的注意力，並且符合遊戲的核心主題。這個部分可以用來設定遊戲場景，給玩家一些線索，或者引導他們進入遊戲的氛圍。說明文字則可以提供更詳細的資訊，引導玩家如何回答問題，或者解釋一些規則和指南。在設定這些內容時，請保持文字簡短明瞭，並以玩家的角度出發，確保玩家能理解並投入遊戲（圖 4-6）。

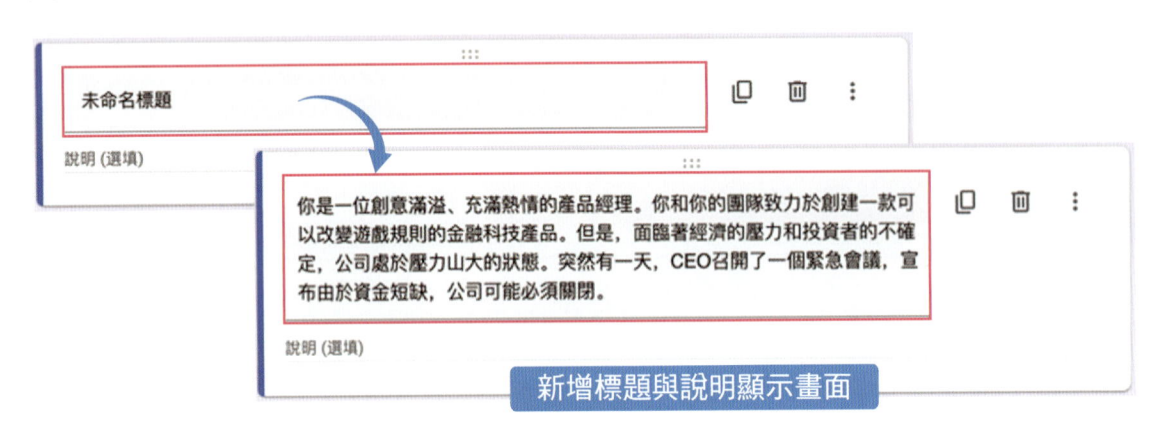

↑ 圖 4-6　在 Google Form 新增標題與說明

(5) **新增圖片：**在題目中新增圖片

在解謎遊戲的表單中，圖片可以作為直觀的視覺元素，引導玩家進一步投入遊戲。圖片可以是遊戲情境的一部分（如地圖、謎語或物品），或者是用於製造氣氛和設定主題的裝飾。此外，某些問題可能需要玩家直接從圖片中獲取信息或找出答案。當添加圖片時，要確保圖片與問題內容相關，且尺寸適中，以確保玩家在各種設備上都能清晰地查看（圖 4-7）。

↑ 圖 4-7　在 Google Form 新增圖片

(6) ▶ **新增影片：** 在題目中新增影片（輸入 YouTube 影片網址）

影片也是解謎遊戲中的重要工具，與靜態圖像相比，影片可以提供更豐富的故事情節和情感引導，引領玩家更深入地理解和參與遊戲。影片可以是提供遊戲背景、引導玩家解謎或是作為謎題本身的一部分，當使用影片時，要確保影片的內容清晰，並與問題的主題和脈絡密切相關。請注意，由於這是一個互動式的平台，因此影片的長度不宜過長，以免影響玩家的遊戲體驗（圖 4-8）。

⬆ 圖 4-8　在 Google Form 新增影片

透過 Google Form 強大的功能，您能夠打造出各種引人入勝且具有教育意義的情境解謎遊戲。這樣的遊戲能讓玩家透過角色扮演的方式，深入遊戲情境並根據自己的決策和解答來推進故事的發展。例如：您可以善用自訂邏輯功能來設計一個故事導向的情境式解謎遊戲，讓玩家扮演故事的主角，並根據提供的線索來解決問題。此外，您可以藉由加入多媒體元素，如圖片、影像、視頻和音訊，來豐富遊戲的視聽效果，讓遊戲體驗更生動真實。玩家在進行解謎過程中不僅能夠學習並吸取知識，更能培養他們的問題解決能力及批判性思考，從而達到寓教於樂的效果。利用 Google Form 的強大功能，創建一款兼具教育性與娛樂性，且富有挑戰性的情境解謎遊戲，將不再是一件困難的事情。

4-2 Google Form 中的選擇路徑結構設計

在進入「Google Form 的選擇路徑結構設計」的學習之前，我們強烈建議您，先將「**2-4 運用 Miro 規劃互動劇情路徑圖**、**2-5 運用 Google Form 呈現互動對話劇情路徑**」所介紹的概念理解清楚，將有助於您進入本節的學習喔。

在教育遊戲設計領域中，利用 Google Form 來設計情境解謎遊戲是一種新穎而實用的方法。在這類型的解謎遊戲中，玩家需要根據劇情發展和角色設定來做出各種選擇，這些決策將會影響他們的遊戲推進歷程與結果。因此，在設計遊戲的過程中，設計恰當關卡/問題的「**選擇路徑結構**」，對於形塑扣人心弦且充滿挑戰的遊戲，重要性不言而喻。「選擇路徑結構」的概念即是在一個「Google Form 情境區段」中，「問的內容」與「答的選擇」的**結構類型**。例如，在某個「Google Form 情境區段」您想使用提供數個選項的方式讓玩家從中做出抉擇（選擇的概念），或是希望玩家用破解密碼的方式輸入正確字元密碼方能破關。如《金牌秘書》蘇菲的「任務 2」，需輸入 5 位數新密碼方能進入管制中心（蘇菲的任務請見「**1-4 體驗雲端解謎遊戲《金牌秘書》**」）

Google Form 為我們提供了許多可以利用的問題類型，包括單選題、多選題、下拉選單等，這些都可以作為情境解謎遊戲「**選擇結構**」的設計。每種問題類型在故事中的定位會有所不同，可能會觸發新的遊戲事件，或是影響接下來的選擇機會。因此，在設計時，我們需要考慮到上述的因素，以保證整個故事情節發展的連貫性和完整性，同時也要確保「選擇結構」的設定能與故事主線緊密結合，從而形成一個多樣化且富有深度的遊戲體驗。

1 Google Form 可應用於選擇路徑結構設計的問題類型說明

(1) 選擇題【 ◉ 選擇題 】：在一組多個選項中做出單一選擇（單題單選）

這種類型允許玩家在一組多個選項中做出單一的選擇。在解謎遊戲中，選擇題是我們最常用於設計「故事情節分支」的「選擇結構」，可以讓玩家快速的選擇並決定遊戲的下一個進程或結果。例如，您可以設計一個問題，讓玩家選擇他們要如何回應一個特定的情境，玩家的選擇將直接影響故事的發展。此外，新增【其他】的選項也可以提供一個空間讓玩家表達他們自己的想法或選擇，增加遊戲的多元性和互動性。例如《金牌秘書》的遊戲即是透過選擇題來增添遊戲的魅力（圖 4-9、圖 4-10）。

↑ 圖 4-9　在 Google Form 設定選擇題（設計畫面）

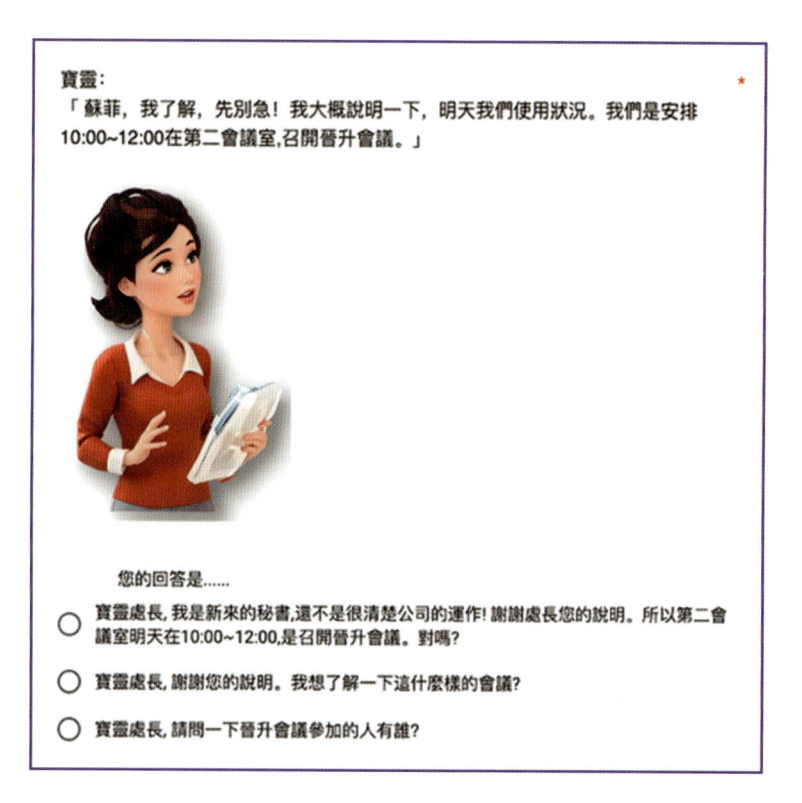

↑ 圖 4-10　Google Form 選擇題設定成功顯示畫面（玩家畫面）

(2) **簡答【═ 簡答】**：用簡短文字回答問題

　　這種題型玩家可以使用字元數較少的文字（中文、英文字母或數字皆可，亦可混合）回答問題。在解謎遊戲中，您可以在表單的後台設定文字類型的正確答案，只有當玩家在欄位輸入正確文字時，才可以進入遊戲的下一個階段。這種方式可以增加遊戲的互動性並提高挑戰難度。但要特別留意，字元數不宜太多，文字的組合也並非越複雜越好，畢竟我們不是以考倒玩家為目的（圖 4-11～圖 4-13）。

⬆ 圖 4-11　Google Form 簡答設定畫面（設計畫面）

⬆ 圖 4-12　Google Form 簡答設定成功顯示畫面（玩家畫面）

第 4 章　Google Form 解謎情節互動設計

↑ 圖 4-13　Google Form 簡答 – 玩家回答錯誤顯示畫面（玩家畫面）

　　在解謎遊戲中適時的運用簡答類型的關卡，可提升謎題的難度，因為玩家需輸入正確的文字方可過關，所以可以避免玩家使用重複嘗試和猜測的方式強行破關。其設計步驟如圖 4-14、圖 4-15。

① 在【區域標題】輸入情境解謎故事

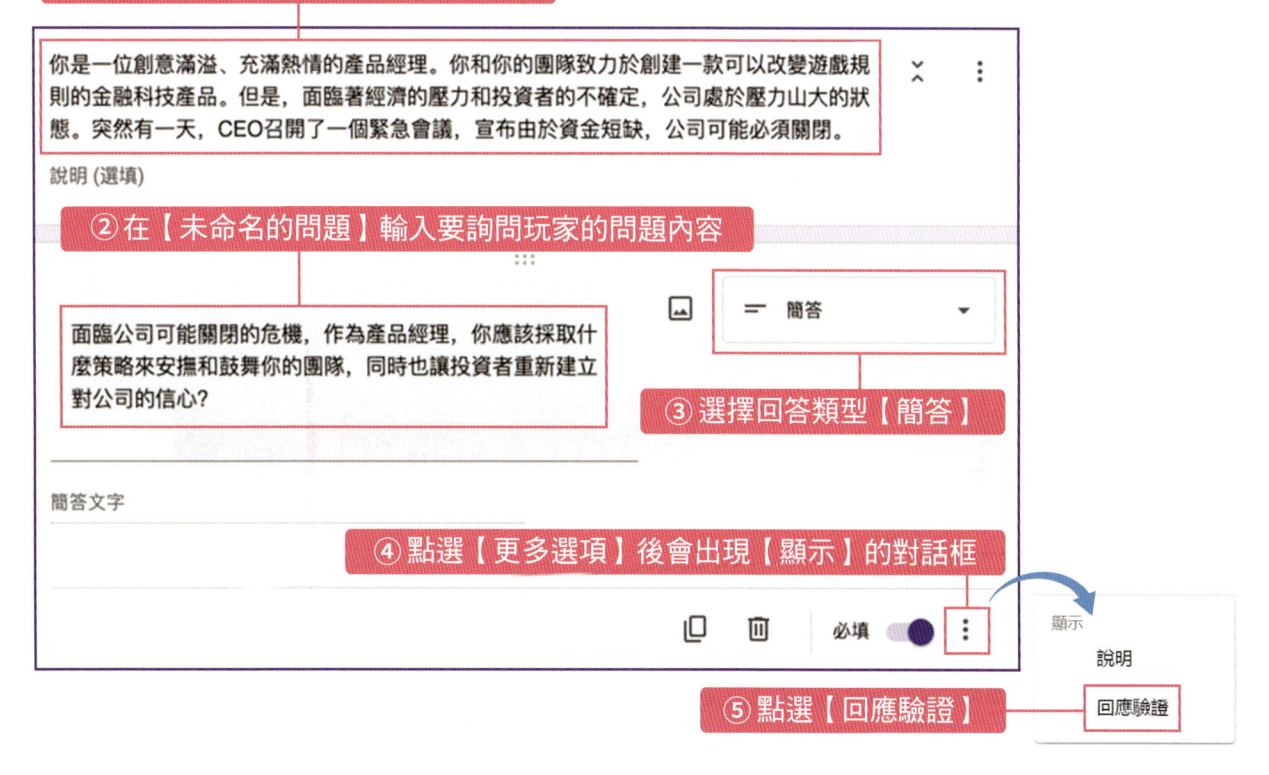

② 在【未命名的問題】輸入要詢問玩家的問題內容

③ 選擇回答類型【簡答】

④ 點選【更多選項】後會出現【顯示】的對話框

⑤ 點選【回應驗證】

↑ 圖 4-14　在 Google Form 設定簡答 – 步驟 1

115

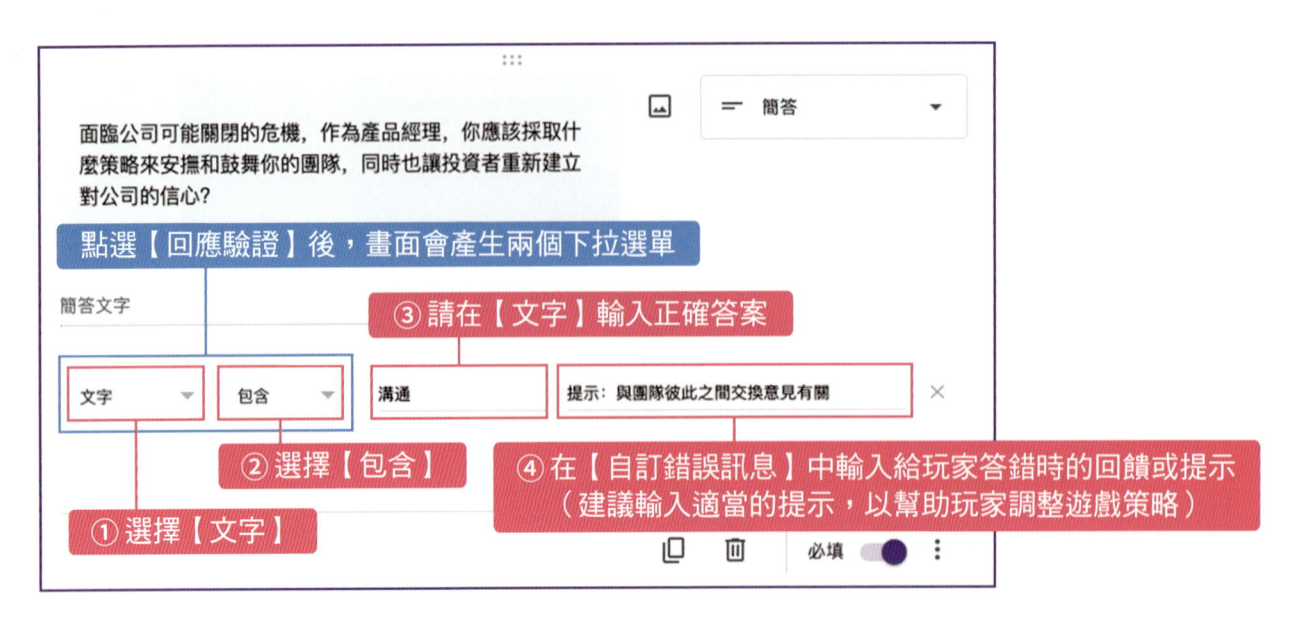

↑ 圖 4-15　在 Google Form 設定簡答 – 步驟 II

(3) 詳答【☰ 詳答】：可用一個或多個段落撰寫較長的回答

　　這種題型讓玩家有機會撰寫一段或多段的文字作為回答。在解謎遊戲中，這種題型可以用來收集玩家對於故事或謎題的深度思考和理解。例如，您可以設計一個問題讓玩家描述他們如何解決一個特定的謎題，或者讓他們分享對於故事發展的看法和預測。這不僅可以讓玩家更深入地參與遊戲，也可以提供一個自我反思和學習的機會（圖 4-16、圖 4-17）。

↑ 圖 4-16　在 Google Form 設定詳答（設計畫面）

↑ 圖 4-17　Google Form 詳答設定成功顯示畫面（玩家畫面）

(4) 核取方塊【☑ 核取方塊】：可用來製作複選題（單題多選）

這是一種讓玩家在一組選項中做出多個選擇的題型。在解謎遊戲的設計中，這種題型可以用於讓玩家同時選擇多種行動或策略。例如，如果玩家面臨一個需要多種工具才能解開的謎題，您可以使用核取方塊題型讓玩家選擇他們要使用哪些工具。這種題型可以提升遊戲的複雜度和挑戰性，並增加玩家的思考深度和策略性（圖 4-18、圖 4-19）。

⬆ 圖 4-18　在 Google Form 設定核取方塊（設計畫面）

⬆ 圖 4-19　Google Form 核取方塊設定成功顯示畫面（玩家畫面）

(5) 下拉式選單【⌄ 下拉式選單】：只能選擇一個選項

　　一種可以被用於劇情選擇或者在解謎遊戲中的路線選擇。這種題型在複雜的情境解謎遊戲中非常實用，可以引導玩家作出關鍵性的選擇，進一步推進故事的發展。例如，玩家可能需要選擇他們的角色將走哪條路線，這個選擇將影響遊戲的結果和他們的遊戲體驗。此種題型的設計將有助於提升遊戲的互動性和玩家的投入感（圖 4-20、圖 4-21）。

⬆ 圖 4-20　在 Google Form 設定下拉式選單（設計畫面）

⬆ 圖 4-21　Google Form 下拉式選單設定成功顯示畫面（玩家畫面）

⑹ 檔案上傳【☁ 檔案上傳 】：可以上傳檔案做為遊戲挑戰問題的答案

在某些情況下，您可能需要玩家提交某種形式的作品或證據來完成特定的謎題或挑戰。Google Form 的這個類型可以讓玩家上傳檔案作為他們的回答，這對於需要審核玩家回答或需要玩家提供額外證據的解謎遊戲來說是非常有用的。然而，請注意，玩家需要登入他們的 Google 帳戶才能上傳檔案。同時，您可以設定檔案的大小限制以及接受的檔案類型，以確保玩家的回答符合您的要求。上傳的檔案會被保存在新的資料夾中，方便您後續查看和管理（圖 4-22、圖 4-23）。

⬆ 圖 4-22　在 Google Form 設定檔案上傳（設計畫面）

⬆ 圖 4-23　Google Form 檔案上傳設定成功顯示畫面（玩家畫面）

(7) 線性刻度【 ●—● 線性刻度 】：可以藉由選擇刻度的方式作答，在刻度兩端設定標籤

在解謎遊戲中，這種題型可以用於評估玩家的某些技能或知識的程度，或者了解玩家的喜好和傾向。線性刻度題型讓玩家根據刻度選擇他們的回答，您可以在刻度的兩端設定標籤以方便玩家理解。例如，如果您正在創建一個需要玩家決定角色行動的情境，您可以使用這種題型來讓玩家在「保守」和「激進」的行動方案之間做出選擇。刻度上限可為 2 到 10 之間的整數，下限可為 0 或 1。這提供了一定的彈性，讓您可以根據需要來設定評估玩家的精細程度（圖 4-24、圖 4-25）。

⬆ 圖 4-24　在 Google Form 設定線性刻度（設計畫面）

⬆ 圖 4-25　Google Form 線性刻度設定成功顯示畫面（玩家畫面）

第 4 章　Google Form 解謎情節互動設計

(8) 單選方格【⊞ 單選方格】：玩家在每一列只能選擇一個答案（多題單選）

　　這對於了解玩家體驗和反饋非常有用，可以在我們想要了解玩家遊戲體驗的相關主題，如「遊戲使用感受」下設定許多相關問題，方便玩家逐一回答。這種方式不僅可以減少玩家填答的困擾，而且可以提升問卷的有效性。例如，您可以針對遊戲操控性、故事吸引力、圖像質量等不同層面進行詳細評估，每個問題都是一個單獨的選擇題，方便玩家做出明確的選擇，同時讓您更深入地了解玩家的遊戲體驗（圖 4-26、圖 4-27）。

⬆ 圖 4-26　在 Google Form 設定單選方格（設計畫面）

⬆ 圖 4-27　Google Form 單選方格設定成功顯示畫面（玩家畫面）

121

(9) 核取方塊格【▦ 核取方塊格】：讓填答者在每一列選取多個答案（多題多選）

這種題型也非常適合應用在玩家體驗與反饋收集中。以表格的形式提供一系列問題，並讓玩家在每一列選取多個答案（多題多選）。這對於掌握玩家的多元反饋非常實用，例如，您可以詢問玩家關於在遊戲中遇到的多種挑戰，讓他們在多個選項中選擇，這可以幫助您獲得更全面的回饋，理解玩家在遊戲中面臨的各種問題。同時，這種題型也讓玩家有機會同時選出他們喜歡的多個遊戲元素，進一步增進您對玩家喜好的理解（圖 4-28、圖 4-29）。

⬆ 圖 4-28　在 Google Form 設定核取方塊格（設計畫面）

⬆ 圖 4-29　Google Form 核取方塊格設定成功顯示畫面（玩家畫面）

⑽ **日期【 📅 日期】**：可讓玩家填入特定的日期

　　這可以用來記錄重要的時間點。如果您想讓玩家提供更詳細的時間資訊，可以點選問題右下方的【⋮更多】圖示添加年份或時間選項。例如，如果您正在測試一個特定的遊戲關卡，並想了解玩家完成它所需的具體時間，這個功能就會非常有用（圖 4-30、圖 4-31）。

⬆ 圖 4-30　在 Google From 設定日期問題類型（設計畫面）

⬆ 圖 4-31　Google From 日期問題類型設定成功顯示畫面（玩家畫面）

⑾ **時間**【 🕐 時間 】：填答者可填寫特定的時間或時間長度

這可以用來記錄玩家完成特定挑戰或解答謎題所需的時間。若要讓玩家切換至填寫時間長度模式，請點選問題右下方的【⋮更多】圖示。例如，您可能想要詢問玩家解開某個謎題的實際時間，或者他們在遊戲中花了多長時間才達到某個階段。這種資訊能幫助您更好地理解遊戲難度和玩家的遊戲體驗（圖 4-32、圖 4-33）。

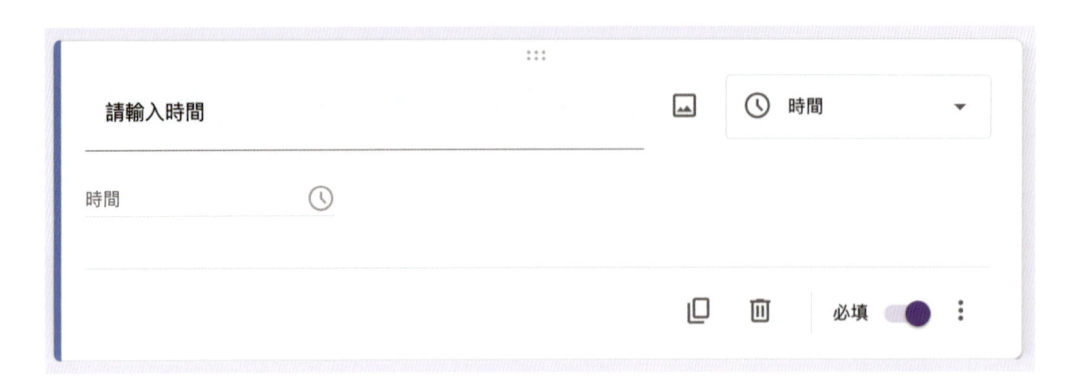

⬆ 圖 4-32　在 Google Form 設定時間問題類型（設計畫面）

⬆ 圖 4-33　Google Form 時間問題類型設定成功顯示畫面（玩家畫面）

　　以上 11 個類型選項，擁有豐富與多元的題型和填答方式，適合用於解謎遊戲「選擇結構」的設計。透過巧妙的組合和設計，您可以創造出引人入勝的情境解謎遊戲。當我們使用 Google Form 設計遊戲挑戰問題時，需要考量解謎遊戲的故事情境，讓問題（「問的內容」）與遊戲情境緊密結合。同時在設定問題回答選項（「答的選擇」）時，必須確保每個選項都能貼切地反應遊戲情境，並為玩家的選擇路徑提供清晰的指引。

假設您的解謎遊戲情境是在一個神秘的古老城堡，可以設計一些問題來模擬遊戲裡的決策。例如：「在一個黑暗的房間中發現了一個閃爍的物體，您會怎麼做？」然後提供幾個選項，如 1. 走過去檢查、2. 呼叫朋友、3. 悄悄走開等。這些設計都可以讓玩家深度融入到遊戲的故事情境中，也讓玩家在填答的過程中感受到遊戲的氛圍。在設計題目和選項時，我們也需要記住，解謎遊戲的核心目標是考驗玩家的觀察、推理和解決問題的能力。因此，每個問題（「問的內容」）和選項（「答的選擇」）不只應該符合遊戲劇本的設定，內容的設計也應該符合大眾玩家的能力，並進一步提升他們的挑戰力。

2 Google Form 選擇路徑結構分支串連設定

對於遊戲 Google Form 的**「選擇路徑結構分支串連」**設定（即「頁面分支」與「故事情節分支」的概念，請見「**2-4 運用 Miro 規劃互動劇情路徑圖**及 **2-5 運用 Google Form 呈現互動對話劇情路徑**」），Google Form 的**「區段」**功能與**「自動跳選題目」**的概念是非常重要的。我們必須先設定好每個「區段」的「對話內容」與「選擇路徑結構」，再將這些區段依遊戲故事劇本**串連／連接**起來，使玩家在每一個 Google Form 的「情境區段」做出回應後，根據玩家的這個決策讓故事發展**正確地**進入屬於這個決策的下一個「情境區段」，此即為「選擇路徑結構分支串連」設定。這不僅可以創造出解謎遊戲的多重結局，增強遊戲的互動性，也可以提高玩家重複遊玩的意願（相關概念請見「**2-5 運用 Google Form 呈現互動對話劇情路徑**」）。

(1) 設定區段內容

我們可以將遊戲的「區段」設計在同一個 Google Form 檔案中，只需要點選畫面右方直式工具中的【🗏新增區段】，就可以新增一個又一個的「情境區段」。接下來請您依遊戲故事劇本設定好所有「區段」的內容（圖 4-34）。

⬆ 圖 4-34　在 Google Form 設定區段內容

(2) 選擇路徑結構分支串連（設定自動跳選題目）

　　當您已經設定好各個「區段」的內容，請依照已製作好的「Miro 互動劇情路徑圖」與「互動對話劇情路徑表」，利用 Google Form【前往下一個區段】的功能，將每個「選擇路徑結構分支串連」的連接設定好。操作步驟如下：

　　① 在「第一個區段」點選【更多選項】→【根據答案前往相關區段】（圖 4-35）。

↑ 圖 4-35　設定 Google Form 區段的串連步驟 I

② 在「第一個區段」的第一個選項後方按下【箭頭】，並選擇要前往的「區段」【前往區段 x】。依此方法，將第二個、第三個選項前往的「區段」設定好（此即為 Google Form「自動跳選題目」的概念）（圖 4-36）。其它的區段串連設定也是依此方法完成。詳細的操作步驟我們將在下一節「**4-4 在 Google Form 中實作劇本路徑**」做詳細的說明。

⬆ 圖 4-36　設定 Google Form 區段的串連步驟 II

在實際的遊戲設計中，我們需要注意幾個重要的細節。首先，我們需要確保選項（「答的選擇」）的明確性，每個選項的涵義都需要清楚而確切的呈現讓玩家明瞭，並符合遊戲情境及故事的發展。其次，選項的平衡性也不容忽視，避免有選項明顯成為不需思考即可回答的正確答案或者優先選項，導致玩家無須深入思考即可解開謎題。我們期望藉由平衡的設計，讓玩家真正融入遊戲情境中，並根據故事情節的發展來做出合理的選擇。最後，我們需要確保選擇的的連貫性，每一個選擇都應該有其合理的結果，並且在故事情節中有著清晰的導向。

接下來，您只要重複上述步驟依照「Miro 互動劇情路徑圖」與「互動對話劇情路徑表」將所有的「區段」串連起來即可，如此，一個情境解謎遊戲的 Google Form 實作部分就完成了。這兩份圖和表不僅能幫助我們精確地串連 Google Form 的每一段「選擇路徑結構分支」，確保了故事在不同的分支上都能順暢地展開推進，更讓我們在設計過程中確保遊戲情境、謎題和故事情節的合理性，從而提高玩家的沉浸感。

本書誠摯地建議您，在進入 Gather Town 和 Google Form 的實作前，請先完成**「遊戲故事劇本」**、**「Miro 互動劇情路徑圖」**與**「互動對話劇情路徑表」**這三個重要的文件（其它建議文件請見「**2-1 解謎遊戲設計步驟**」）。這點，我們在本書中不斷重複強調，因為這真的非常重要！

跟著本書完成了 Google Form 的製作，再加上我們於「**第 3 章 Gather Town 虛擬空間設計**」所完成的 Gather Town 遊戲場景，恭喜您！屬於您的情境解謎遊戲誕生了。是不是已迫不及待想要讓親朋好友開始玩了呢？請先別急，我們還有最後一個步驟，那就是「評估」這個遊戲。因為一個成熟的遊戲需要經過多人測試，並聽從玩家的意見回饋再去修正遊戲的相關程序，方能使遊戲更趨於完整。

實作練習 4：簡易 Google Form NPC 對話實作

在本章中，我們已經學會了如何利用 Google Form 設計情境式解謎遊戲的互動對話劇情路徑。現在，本書提供一個小小的實作練習《星光晚餐：完美的服務》，讓我們一起開始動手設計屬於這個小遊戲的 Google Form 對話劇情路徑吧！另外，您也可以自行增添符合劇情的插圖，將能夠大大提高遊戲的沈浸感和情境感。準備好進入這個神秘的解謎世界了嗎？ Let's go～（請參考圖 4-39 以及表 4-1）

遊戲故事背景

您是一家著名五星級餐廳的新進服務生。知名的影星 Julia 是餐廳的 VIP 顧客，她對美酒佳餚是出了名的挑剔。今天她預約前來用餐，而您的任務就是確保她今晚能擁有完美的用餐體驗。

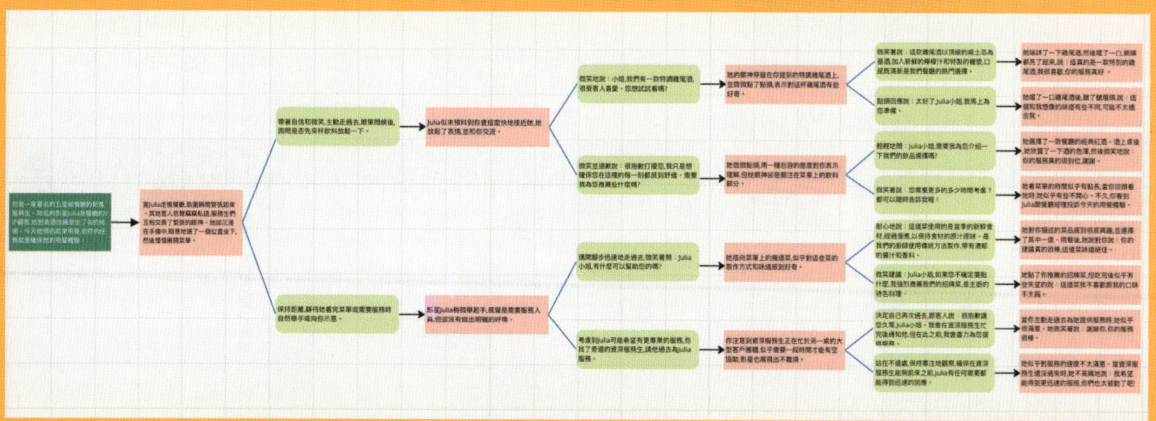

⬆ 圖 4-39　《星光晚餐：完美的服務》Miro 劇情路徑圖

▼ 表 4-1 《星光晚餐：完美的服務》互動對話劇情路徑

場景	情境內容	回應路徑	回應 / 動作
S1	當 Julia 走進餐廳，氛圍瞬間緊張起來。客人低聲竊竊私語，服務生們互相交換了緊張的眼神。她隨意地選了一個位子坐下，然後慢慢展開菜單。	R1	帶著自信和微笑，主動走過去，簡單問候後，詢問是否先來杯飲料放鬆一下。
		R2	保持距離，靜待她看完菜單或需要服務時自然舉手或向您示意。
S2	Julia 似乎未預料到您會這麼快地接近她，她放鬆了表情，並和您進行交流。	R3	微笑地說：小姐，我們有一款特調雞尾酒，很受客人喜愛。您想試試看嗎？
		R4	微笑並道歉說：很抱歉打擾您，我只是想確保您在這裡的每一刻都感到舒適。需要我為您推薦些什麼嗎？
S3	影星 Julia 稍微舉起手，感覺是需要服務人員，但卻沒有做出明確的呼喚。	R5	邁開腳步迅速地走過去，微笑著問：Julia 小姐，有什麼可以幫助您的嗎？
		R6	考慮到 Julia 可能希望有更專業的服務，您找了旁邊的資深服務生，請他過去為 Julia 服務。
S4	她的眼神停留在您提到的特調雞尾酒上，並微微點了點頭，表示對這杯雞尾酒有些好奇。	R7	微笑著說：這款雞尾酒以頂級的威士忌為基酒，加入新鮮的檸檬汁和特製的糖漿，口感清新，是我們餐廳的熱門選擇。
		R8	點頭回應：太好了，Julia 小姐，我馬上為您準備。
S5	她微微點頭，用一種包容的態度對您表示理解，但她眼神卻是關注在菜單上的飲料部分。	R9	輕輕地問：Julia 小姐，需要我為您介紹一下我們的飲品選擇嗎？
		R10	微笑著說：您需要更多的時間考慮嗎？有需要都可以隨時告訴我喔！

場景	情境內容	回應路徑	回應/動作
S6	她指向菜單上的幾道菜，似乎對這些菜的製作方式和味道感到好奇。	R11	耐心地説：這道菜使用的是當季新鮮食材，經過慢煮，以保持食材的原汁原味。是我們的廚師使用傳統方法製作，帶有濃郁的醬汁和香料。
		R12	微笑建議：Julia 小姐，如果您不確定要點什麼，我強烈推薦我們的招牌菜，是主廚的特色料理。
S7	您注意到資深服務生正在忙於另一桌的大型團體客戶，似乎需要一段時間才能有空協助，影星 Julia 也展現出不耐煩。	R13	決定自己再次過去，跟客人説：很抱歉讓您久等，Julia 小姐。我會在資深服務生忙完後通知他，但在此之前，我會盡力為您提供服務。
		R14	站在不遠處，保持專注地觀察，確保在資深服務生能夠前來之前，Julia 有任何需要都能得到迅速的回應。
S8	她端詳了一下雞尾酒，然後嚐了一口，眼睛都亮了起來，說：這真的是一款特別的雞尾酒，我很喜歡，您的服務真好。		
S9	她嚐了一口雞尾酒後，皺了皺眉頭，説：這個和我想像的味道有些不同，可能不太適合我。		
S10	她選擇一款餐廳的經典紅酒。酒上桌後，她欣賞了一下酒的色澤，然後微笑地説：您的服務真的很到位，謝謝。		
S11	她看菜單的時間似乎有點長，當您回頭看她時，她似乎有些不開心。不久，您看到 Julia 跟餐廳經理投訴今天的用餐體驗。		
S12	她對您描述的菜品感到很感興趣，並選擇了其中一道。用餐後，她對您説：您的建議真的很棒，這道菜味道絕佳。		
S13	她點了您推薦的招牌菜，但吃完後似乎有些失望的説：這道菜我不喜歡，跟我的口味不太搭。		
S14	當您主動走過去為她提供服務時，她似乎很滿意。她微笑著説：謝謝您，您的服務很棒。		
S15	她似乎對服務的速度不太滿意。當資深服務生還沒過來時，她不高興地説：我希望能得到更迅速的服務，而您們也太被動了吧！		

※ 參考解答請見附錄 2。

NOTE

第 5 章
雲端情境解謎遊戲的評估

5-1 解謎遊戲的評估項目

5-2 情境解謎遊戲測試與評估流程

5-1 解謎遊戲的評估項目

當我們完成一個解謎遊戲的製作後，一定迫不及待地想找其他玩家試玩。然而，一個遊戲需要經過多次的測試、評估與調整，方能一步一步地優化遊戲，進而提高遊戲的完整度。因此，在正式讓其他玩家遊玩之前，建議您可以先依本書所提的設計原理與步驟，對遊戲進行基本的檢核（請見「**第 1 章 情境式解謎遊戲與學習**及**第 2 章 解謎遊戲腳本設計**」）

玩家的試玩與意見是最直接的回饋，也是遊戲修改的重要依據來源。專業的遊戲測試有許多複雜的流程，本書僅針對初學者建議解謎遊戲的評估項目，可包含以下四個大項目：

1 情境設計

這個部分主要是評估遊戲情境的擬真合理性，包含遊戲的故事、場景、角色、操作的設計等（請參考「**2-2 情境式學習的四種擬真度**」與「**2-3 遊戲劇本設計──三幕劇原理**」）。此外，上述這些元素的關連性設定是否合理，也是非常重要的一環。玩家在遊玩時，可以體會到設計者想要傳達的遊戲特色和主題的擬真情境，並在遊玩的過程中融入到遊戲情境中。關於情境設計可分為四個子項目：

- **故事設計**

    解謎遊戲故事劇本是否具有連貫性與合理性，是否具有擬真的情境。《金牌秘書》主要故事情節為現今職場所遇到的工作挑戰，因此劇情的鋪成與發展即在此一故事情境脈絡下進行設計，並且環環相扣。

- **場景設計**

    遊戲的場景包括空間與物件等設計，須注意是否符合遊戲故事的劇本風格，在 Gather Town 中所設計出來的場景，要能讓玩家有身歷其境之感。試想：在《金牌秘書》的辦公室場景忽然出現一隻怪獸，明明是室內空間卻設置了一處開心農場，或是同時規劃了 10 間的健身房，諸如此類不太合理的場景設計，會讓遊戲的合理性被大大的扣分。另外，像是角色在 Gather Town 的空間場景中竟然發生「穿牆術」事件，當然也是不合理的事情！

- 角色設計

　　遊戲的角色設計應符合遊戲故事劇本與場景的格調，角色之間的風格是否一致也是須注意的重點。如《金牌秘書》的角色應設計成符合現代的人物角色和造型，而不是出現了一個穿著古代龍袍的皇帝角色。試想，如果蘇菲秘書是與外星人 E.T. 進行互動，那是一件多麼詭異的事情啊。

- 操作設計

　　此點著重在遊戲角色的操作是否合理與擬真，包含玩家與 NPC 的對話互動，在遊戲場景的探索與行進路線的設計，以及 Google Form 與 Gather Town 的操作及頁面的切換。如《金牌秘書》的角色對話，若是用古代文言文的文字內容，或是對話內容都是與遊戲目標無相關的言語，都會讓這個遊戲被扣分喔。另外，像是 Gather Town 外部連結設定不正確，使得 Google Form 頁面無法正常顯示，或連結到錯誤的頁面，也是屬於操作設計上的不良項目。

2 遊戲機制

這個部分需要經過自我（內部測試）和其他玩家（外部測試）多次的測試，著重在檢查學習目標與遊戲目標的連結、解謎遊戲劇情演變的「選擇路徑結構」設計。完善的遊戲機制可以增加遊戲的樂趣與可探索性，一方面給予玩家控制感，但又具備不確定性，進而讓玩家在完成遊戲挑戰任務後獲得一定程度的成就感。因此確認遊戲機制的合理性與正確性，是遊戲評估非常重要的一點。關於遊戲機制可分為四個子項目：

- 與學習目標連結

　　此點非常重要，設計者應在設計遊戲前就先設定好此遊戲的學習目標，並接著將學習目標化為遊戲目標，藉由讓玩家完成遊戲挑戰任務的同時，也學會了設計者所設定的遊戲學習目標。也就是說，玩家完成遊戲任務後，確實學會目標知識。此外，設計者在遊戲中所設定的線索訊息與提示，是否與學習目標相連結，也是至關重要的。

- 具備控制感

　　解謎遊戲劇情演變的「選擇路徑結構」設計，除了可以增加遊戲的樂趣，也可以讓玩家自行選擇或控制遊戲的發展路徑。因此，在遊戲故事劇情中給予玩家「答的選擇」建議至少設計兩個以上，如果「答的選擇」只有設計一個或兩個，就過於單調了點，表示遊戲的選擇路徑被限制住了，對於玩家而言，好像也沒有什麼好控制的了。

- **具備不確定性**

　　控制解謎遊戲劇情演變的「選擇路徑結構」設計,提供玩家了解遊戲的可探索性,當「答的選擇」越多時,代表玩家有更多的選擇,也代表著這個遊戲充滿更多的不確定性及懸疑性,可以促使喜歡懸疑感的玩家投入於遊戲之中。透過「選擇路徑結構」的設計形式,讓玩家因不同的行動選擇而帶來不同的劇情演變,因而對解謎遊戲有了更多的探索機會。如果遊戲故事劇情的發展路徑只有一條或兩條,對於玩家破解遊戲而言就會覺得好像沒什麼挑戰性。但是,如果遊戲的選擇路徑過多,會造成不確定性太高,代表遊戲可能過於複雜或困難,對於玩家而言可能會因無法破關而放棄遊戲,因此選擇路徑過多也不一定就是好的設計喔。

- **賦予學習者成就感**

　　當玩家在遊戲破關後,會不會振臂歡呼?會不會高興大喊「我破關了」?如果會,那就表示玩家在遊戲過程中獲得了滿滿的成就感。也就是說,玩家絞盡腦汁破解謎題,覺得投入在遊戲中的時間、心力、腦力都是值得的。如果您的遊戲讓玩家在破解後擁有以上感受,恭喜您,玩家在獲得成就感的同時,也是在肯定您的遊戲。

3 認知機制

　　這個部分同樣需要經過內部與外部測試,建議在給玩家測試之前,可將遊戲設計文件(含 **Miro 互動劇情路徑圖**與 **Google Form 互動對話路徑表**)交由認知設計的專家進行事前的檢視評估,並依專家的意見進行遊戲修改。調整之後,再進行玩家的實測。這個部分主要是評估遊戲是否真的可以促進玩家專注力、帶給玩家認知思考,以及促進玩家進行反思(評估與調整遊戲策略),讓玩家可對學習目標知識進行更多的探索與學習。關於認知機制可分為三個子項目:

- **促進專注力**

　　玩家在遊戲過程中是否專注於其中、不喜他人打擾?玩家是否沉浸在遊戲的探索過程、是否執著於想破解這個遊戲?也就是說,玩家在遊戲的過程中產生心流狀態,達到一種忘我的境界。

- **促進認知思考**

　　在探索遊戲場景時，或是在遊戲中進行線索訊息的觀察、蒐集及分析，過程中是否會讓玩家產生運用知識來分析、解釋及推論，進而做出決策的思考？換句話說，即是您的解謎遊戲是否讓玩家需要「動動腦」。或者，玩家在上述這些過程中，並不需要特別去思考即可做出選擇或決策？甚至，玩家不需經過思考即可輕易破解謎題？這樣的話，就代表遊戲並沒有促進認知思考喔。

- **促進反思**

　　這是思考破解遊戲策略的最高境界，也就是玩家不只會思考屬於自己的遊戲策略，還可以主動對自己的遊戲策略進行**反思**。即玩家可以**評估**遊戲策略的正確性，並可以**調整**遊戲策略。當玩家發現目前的遊戲策略無助於破解謎題，或是遊戲發展的路徑偏離真相時，玩家可以發覺，並調整策略，進而完成遊戲的挑戰任務。

4 遊戲接受度

　　這個部分的評估著重在遊戲的操作性（Gather Town 與 Google Form）與遊戲的規則是否簡單易理解。當玩家認為遊戲的操作愈簡單，遊戲的規則易於理解，帶來了順暢的遊玩體驗，則玩家對這個遊戲的接受度就越高，也就代表您所設計的解謎遊戲是個「好遊戲」喔。關於遊戲接受度可分為兩個子項目：

- **遊戲易於操作**

　　玩家在玩遊戲時覺得「操作」是簡單、容易的，無論是操作遊戲角色，或是遊戲畫面的操作，不會讓玩家覺得有困難感。

- **規則容易理解**

　　遊戲的規則讓玩家覺得容易理解，玩家可以較容易的了解遊戲目標是什麼，知道怎麼玩。而不會在遊戲還未開始前，就因覺得遊戲的規則複雜，進而想放棄這個遊戲。

　　上述項目的測試可參考運用以下的表格來評估，設計者再參考這個表格的**平均分數**來思考如何調整或精緻化遊戲設計。當然，也可以單獨依子項目的平均分數來調整您的遊戲。

▼ 表 5-1　情境解謎遊戲初步評估表

評估項目	評估子項目	說明	分數（0-5） 0：無達到 5：高度達成
情境設計	故事設計	遊戲故事劇情設計的擬真度與合理性	
	場景設計	遊戲場景設計的擬真度與合理性	
	角色設計	遊戲角色設計的擬真度與合理性	
	操作設計	遊戲角色操作設計的擬真度與合理性	
遊戲機制	與學習目標連結	遊戲目標＝學習目標	
	具備控制感	玩家可以決定與控制遊戲的發展路徑	
	具備不確定性	遊戲的探索與發展充滿不確定感	
	賦予學習者成就感	玩家遊戲破關後有十足的成就感	
認知機制	促進專注力	玩家專注且投入在遊戲中	
	促進認知思考	遊戲可以讓玩家主動思考遊戲策略	
	促進反思	玩家可以主動評估與調整遊戲的策略	
遊戲接受度	遊戲易於操作	遊戲容易操作（操控）	
	規則容易理解	遊戲的規則容易理解	
對於遊戲的意見			

5-2 情境解謎遊戲測試與評估流程

Step 1

請先依據「情境解謎遊戲初步評估表」對自己/小組完成的遊戲進行**自我/內部檢核**。如有未符合的項目，請嘗試修改與調整遊戲。

Step 2

第一步的自我檢核通過後，接下來要進行外部的測試。請找至少 10 位玩家實際試玩您所製作的遊戲，並請玩家在遊戲結束後，填寫「情境解謎遊戲初步評估表」。

Step 3

請您統計玩家所填寫的評估表之各項度平均值，若有平均**低於 3 分**的項目，表示此部分較為不足，需進行修改。例如：「場景設計」子項目平均數低於 3，表示玩家可能認為遊戲的場景擬真度不夠，或是空間的設計、物件的擺設太單調等，請檢視 Gather Town 場景設計是否有不足或不適合之處。玩家於開放式問題所提供的心得與建議，也是值得參考的部分，建議您可適度地依玩家的回饋調整遊戲。

NOTE

附錄

附錄 1　2-5 Google From 互動對話劇情路徑表
附錄 2　實作練習參考解答

附錄 1　2-5　Google Form 互動對話劇情路徑表

場景	情境內容	回應路徑	回應/動作
S1	寶靈： 「蘇菲，我了解，先別急！我大概說明一下，明天我們的使用狀況。我們是安排 10:00～12:00 在第二會議室，召開晉升會議。」	R1	寶靈處長 我是新來的秘書，還不是很清楚公司的運作！謝謝您的說明。 所以第二會議室明天在 10：00～12：00，是召開晉升會議。對嗎？
		R2	寶靈處長 謝謝您的說明。 我想了解一下這是什麼樣的會議？
		R3	寶靈處長 請問一下晉升會議參加的人有誰？
S2	這次召開是一年一度的晉升會議，所以所有副總級以上人員都會參加這個會議，有總經理、幾位副總跟我一共 6 位。針對一些很認真有潛力的同仁，我們需要對他們肯定。當然他們也很期待這樣的機會。	R4	一年一度的晉升會議是相當重要。 我相信所有的高階主管應該都很費心思去分析部門每一個人的考核與潛力。讓表現優異的同仁不能被忽視！
		R5	每年的晉升會議都是固定在這個時間召開嗎？那每位副總都應該很久前就會把這時間騰出來吧？
		R6	晉升會議是公司年度重要的同仁考核會議，會議時間可以改在下週嗎？
S3	這次召開是一年一度的晉升會議，所以所有副總級以上人員都會參加這個會議。	R4	一年一度的晉升會議是相當重要。 我相信所有的高階主管應該都很費心思去分析部門每一個人的考核與潛力。讓表現優異的同仁不能被忽視！
		R5	每年的晉升會議都是固定在這個時間召開嗎？那每位副總都應該很久前就會把這時間騰出來吧？
		R6	晉升會議是公司年度重要的同仁考核會議，會議時間可以改在下週嗎？

附錄1　2-5 Google From 互動對話劇情路徑表

場景	情境內容	回應路徑	回應／動作
S4	總經理跟每個副總都很忙，時間無法湊在一起。這次晉升時間也是喬好久喔！如果這次把會議臨時取消，我又要去喬大家時間，真的很麻煩。像總經理後天又要出國10天後才回國。	R7	這次美國客戶突然說明天要拜訪我們，業務主管克萊兒已經等這機會很久了，她戰戰兢兢的。所以如果有機會改其他時間或改到其他會議室。我們看看怎麼調整比較好？想聽聽您的意見。
		R8	寶靈處長 關於晉升會議主要是人資主管負責通知召開，所以要麻煩您去跟大家協商一下，改時間吧！美國客戶很重要的。
		R9	這次是美國第一大的手機客戶來訪，我們就直接協調看看，把晉升會議改到下週去，您覺得如何？
S5	總經理跟每個副總都很忙，時間完全無法湊在一起。這次晉升時間也是喬好久喔！如果這次把會議臨時取消，我又要去喬大家時間，真的很麻煩。	R7	這次美國客戶突然說明天要拜訪我們，業務主管克萊兒已經等這機會很久了，她戰戰兢兢的。所以如果有機會改其他時間或改到其他會議室。我們看看怎麼調整比較好？想聽聽您的意見。
		R8	寶靈處長 關於晉升會議主要是人資主管負責通知召開，所以要麻煩您去跟大家協商一下，改時間吧！美國客戶很重要的。
		R9	這次是美國第一大的手機客戶來訪，我們就直接協調看看，把晉升會議改到下週去，您覺得如何？
S6	自己公司內部的會議，不管是時間或是地點，相對是比較容易調整啦！但是第二會議室當初的會議桌設計只有6人位子，美國客戶用這間會議室位子太少吧？雖然空間還蠻寬敞的。	R10	謝謝處長建議！ 這次美國客戶臨時來，確實讓大家有點措手不及。在影響最小的情況下，不知道晉升會議是否有機會調整一下時間？
		R11	謝謝處長！ 這次美國客戶臨時來，確實讓我在跟相關人員協調上有點麻煩。我是想，您這邊晉升會議是否有機會調整一下場地呢？
		R12	謝謝處長！這次美國客戶臨時來，協調會議室我也是臨危授命啊！每位已經預約會議室的同仁，都有自己意見。處長您就幫我一下吧！看看怎麼調整？我很頭大……

場景	情境內容	回應路徑	回應 / 動作
S7	第二會議室當初的會議桌設計只有6人位子，美國客戶用這會議室位子太少吧？雖然空間還蠻寬敞的。	R10	謝謝處長建議！ 這次美國客戶臨時來，確實讓大家有點措手不及。在影響最小的情況下，不知道晉升會議是否有機會調整一下時間？
		R11	謝謝處長！ 這次美國客戶臨時來，確實讓我在跟相關人員協調上有點麻煩。我是想，您這邊晉升會議是否有機會調整一下場地呢？
		R12	謝謝處長！ 這次美國客戶臨時來，協調會議室我也是臨危授命啊！每位已經預約會議室的同仁，都有自己意見。處長您就幫我一下吧！看看怎麼調整？我很頭大……
S8	這個會議室由總經理親自主持，所以要改當天時間或延期，為了美國大客戶也許可行。但就會有其他副總無法召開，這樣的晉升考核會議，也許會讓同仁感覺不公平啊？ 但是晉升會議一定要在會議室召開嗎？找一個隔音好的空間應該也可以喔。	R14	處長謝謝您 我再協調一下其他人的意見
S9	這個會議室由總經理親自主持，若要改當天時間或延期，為了美國大客戶也許可行。但就會有其他副總無法召開，這樣的晉升考核會議會不會讓同仁感覺不公平啊？	R14	處長謝謝您 我再協調一下其他人的意見

附錄 2　實作練習參考解答

實作練習 2　《冒險家的旅程》對話劇情路徑圖牛刀小試

場景	情境內容	回應路徑	回應／動作
S1	您抵達村莊，感受到了這片土地的歷史和神秘氣息。	R1	問村長有關此地的傳說。
		R2	前往當地的圖書館尋找資訊。
S2	村長贈予您一個古老的羅盤，說這是通往神秘之地的關鍵。	R3	跟隨羅盤的指引，探索未知之地。
		R4	詢問村裡的老人家以獲得更多線索。
S3	在圖書館，您找到一份破舊的手稿，描述著神秘之地的入口。	R5	根據手稿的描述前進。
		R6	詢問圖書館員工有關手稿的起源。
S4	羅盤引導您到達一個閃耀的湖泊邊。您跨越湖泊，發現了被遺忘的奇幻之地，湖面在陽光下閃閃發光，如夢似幻，您決定遠離塵世，居住在這人間仙境。		
S5	老人家說明羅盤的真正使用方法，並給了您一個特殊的石頭。在石頭的指引下，您發現了一座古老的遺址，裡面藏有古代文明的秘密，有更多的秘密等待您去發掘。		
S6	在古老的手稿中，您發現了一段關於神秘山洞的記載。您勇敢地踏入山洞，眼前呈現出的是如同星河般閃耀的奇景，仿佛置身於銀河之中～～～您找到了傳說中的寶藏，並造福了村民，成為家喻戶曉的旅行家。		
S7	圖書館的員工低聲告訴您，這份手稿原是一位消失多年的探險家留下的遺物，手稿中詳細記載了一片未被人類發現的綠洲，那裡生存著許多珍稀的生物和植物。您決定按照手稿中的指示去尋找這片綠洲，繼續另一個旅程。		

實作練習 2　《冒險家的旅程》Google Form 完整設計參考圖

第 1 個區段，共 8 個

《冒險家的旅程》
表單說明

在古老的村莊中，傳說隱藏著一片未知的神秘土地。你是一名充滿好奇心的年輕旅行家，被這個傳說深深吸引，決定尋找那片土地的秘密。儘管村民們警告那是一片禁地，充滿了未知的危險，但你的冒險精神驅使你決定冒險前往，期望能夠揭開這片土地背後的真相。

說明 (選填)

於區段 1 後　前往下一個區段

第 2 個區段，共 8 個

區段標題 (選填)

說明 (選填)

你抵達村莊，感受到了這片土地的歷史和神秘氣息。*

○ 問村長有關此地的傳說。

○ 前往當地的圖書館尋找資訊。

於區段 2 後　前往下一個區段

第 3 個區段，共 8 個

區段標題 (選填)

說明 (選填)

村長贈予你一個古老的羅盤，說這是通往神秘之地的關鍵。*

○ 跟隨羅盤的指引，探索未知之地。

○ 詢問村裡的老人家以獲得更多線索。

於區段 3 後　前往下一個區段

第 4 個區段，共 8 個

區段標題 (選填)

說明 (選填)

在圖書館，你找到一份破舊的手稿，描述著神秘之地的入口。*

○ 根據手稿的描述前進。

○ 詢問圖書館員工有關手稿的起源。

於區段 4 後　前往下一個區段

第 5 個區段，共 8 個

羅盤引導你到達一個閃耀的湖泊邊。你跨越湖泊，發現了被遺忘的奇幻之地，湖面在陽光下閃閃發光，如夢似幻，你決定遠離塵世，居住在這人間仙境。

說明 (選填)

於區段 5 後　提交表單

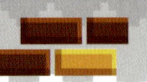

第 6 個區段，共 8 個

老人家說明羅盤的真正使用方法，並給了你一個特殊的石頭。在石頭的指引下，你發現了一座古老的遺址，裡面藏有古代文明的秘密，有更多的秘密等待你去發掘。

說明 (選填)

於區段 6 後　提交表單

第 7 個區段，共 8 個

在古老的手稿中，你發現了一段關於神秘山洞的記載。你勇敢地踏入山洞，眼前呈現出的是如同星河般閃耀的奇景，仿佛置身於銀河之中～～～你找到了傳說中的寶藏，並造福了村民，成為家喻戶曉的旅行家。

說明 (選填)

於區段 7 後　提交表單

第 8 個區段，共 8 個

圖書館的員工低聲告訴你，這份手稿原是一位失踪多年的探險家留下的遺物，手稿中詳細記載了一片未被人類發現的綠洲，那裡生存著許多珍稀的生物和植物。你決定按照手稿中的指示去尋找這片綠洲，繼續另一個旅程。

說明 (選填)

實作練習 4 Google Form NPC 對話實作參考解答

NOTE

NOTE

NOTE

NOTE

書　　　名	**Gather Town 遠距情境式解謎遊戲設計**	
書　　　號	PN290	國家圖書館出版品預行編目（CIP）資料
版　　　次	2024年2月初版	
編 著 者	臺灣科技大學迷你教育遊戲團隊情境遊戲設計小組 侯惠澤・李承泰・何嬿婷・簡志忠	Gather Town 遠距情境式解謎遊戲設計 / 臺灣科技大學迷你教育遊戲團隊情境遊戲設計小組編著. -- 初版. -- 新北市：台科大圖書股份有限公司, 2024.02 　　面；　公分 　ISBN 978-626-391-041-6（平裝） 1.CST: 線上遊戲 2.CST: 遊戲教學 3.CST: 設計 521.539　　　　　　　　　　　113001151
責 任 編 輯	沈育卿	
校 對 次 數	7次	
版 面 構 成	陳依婷	
封 面 設 計	陳依婷	
出 版 者	台科大圖書股份有限公司	
門 市 地 址	24257新北市新莊區中正路649-8號8樓	
電　　　話	02-2908-0313	
傳　　　真	02-2908-0112	
網　　　址	tkdbooks.com	
電 子 郵 件	service@jyic.net	
版 權 宣 告	**有著作權　侵害必究** 本書受著作權法保護。未經本公司事前書面授權，不得以任何方式（包括儲存於資料庫或任何存取系統內）作全部或局部之翻印、仿製或轉載。 書內圖片、資料的來源已盡查明之責，若有疏漏致著作權遭侵犯，我們在此致歉，並請有關人士致函本公司，我們將作出適當的修訂和安排。	
郵 購 帳 號	19133960	
戶　　　名	台科大圖書股份有限公司 ※郵撥訂購未滿1500元者，請付郵資，本島地區100元 / 外島地區200元	
客 服 專 線	0800-000-599	
網 路 購 書	勁園科教旗艦店　蝦皮商城　　博客來網路書店　台科大圖書專區　　勁園商城	
各服務中心	總　　公　　司　02-2908-5945　　台中服務中心　04-2263-5882 台北服務中心　02-2908-5945　　高雄服務中心　07-555-7947	

線上讀者回函
歡迎給予鼓勵及建議
tkdbooks.com/PN290